高等院校通识教育新形态系列教材

大学生职业生涯规划

艾卫平 ⊕ 主编

付滢 聂鹏 薛小虎 ⊕ 副主编

人民邮电出版社

北 京

图书在版编目（CIP）数据

大学生职业生涯规划 / 艾卫平主编. -- 北京：人
民邮电出版社，2022.6（2024.7重印）
高等院校通识教育新形态系列教材
ISBN 978-7-115-58111-2

Ⅰ．①大… Ⅱ．①艾… Ⅲ．①大学生－职业选择－高
等学校－教材 Ⅳ．①G647.38

中国版本图书馆CIP数据核字(2021)第247419号

内 容 提 要

本书以通俗易懂的语言，通过系统的知识和丰富的案例，对大学生职业生涯规划进行了详细的介
绍，具体包括职业生涯规划导论、兴趣探索、性格探索、技能探索、价值观探索、工作世界探索、职
业决策、生涯规划管理、学校对大学生个人发展的支持等内容。

本书将大学生职业生涯规划知识与中医药院校教学特点相结合，旨在引导中医药院校学生树立正
确的就业意识，培养中医药院校学生职业生涯规划的能力，使中医药院校学生能合理规划自己的职业
生涯。

本书可作为高等院校"大学生职业生涯规划"课程的教材。

◆ 主　　编　艾卫平
　　副 主 编　付　滢　聂　鹏　薛小虎
　　责任编辑　孙　澍
　　责任印制　王　郁　陈　犇
◆ 人民邮电出版社出版发行　　北京市丰台区成寿寺路 11 号
　　邮编　100164　　电子邮件　315@ptpress.com.cn
　　网址　https://www.ptpress.com.cn
　　北京鑫丰华彩印有限公司印刷
◆ 开本：787×1092　1/16
　　印张：7.75　　　　　　　　　2022 年 6 月第 1 版
　　字数：142 千字　　　　　　　2024 年 7 月北京第 4 次印刷

定价：39.80 元
读者服务热线：(010)81055256　印装质量热线：(010)81055316
反盗版热线：(010)81055315
广告经营许可证：京东市监广登字 20170147 号

编　委　会

前言

PREFACE

职业生涯是人生的重要组成部分，其发展直接影响人生的高度。大学无疑是个人职业生涯规划的黄金阶段，无论对大学生本人未来的职业走向和职业发展，还是对家庭期望的实现等都具有十分深远的影响。

为深入贯彻落实党的二十大及全国教育大会精神，切实做好"六稳"工作，落实"六保"任务，帮助大学生提早规划，毕业后找到一份人岗适宜、人尽其才的工作，编者结合多年来在教育教学及就业指导等工作中的经验和体会，精心编写了这本教材。

本书结合中医药院校的行业特点和中医药专业学生的成长规律，以社会需求和人才市场需要为导向，以江西中医药大学为案例，对大学生职业生涯规划的相关理论知识及实施步骤进行了详细而深入的介绍，帮助大学生更好地认识自己、了解社会，正确思考自己的人生，科学规划自己的职业生涯，培养和提高自身的职业素养。其中，职业生涯规划的训练部分，着重提高大学生的综合素质，避免大学生学习的盲目性和被动性；书中的案例大多来自大学生的身边，来源于中医药院校，具有较强的针对性；书中将职业生涯规划与就业创业紧密结合，引导大学生提前适应社会，提高综合竞争力。

本书在编写过程中，立足党和国家的现行政策，参照了当前关于大学生就业创业方面的相关文件，借鉴了国内外有关职业生涯规划与就业创业指导服务方面的资料、文献及研究成果。在此，对以上内容的作者表示诚挚的谢意！

由于编者的能力有限，加之就业政策与相关制度在不断变化，编写工作难免有所疏漏，书中若有不足之处，敬请广大读者批评指正。

目 录

CONTENTS

目录

CONTENTS

08

09

CHAPTER 01

第1章 职业生涯规划导论

案例导入

张鱼是某中医药大学大一的新生，现学专业是中医学。可是，自入学以来，张鱼便处于迷茫之中，因为现在的学校和专业都不是她自己选的。她自己想学的专业是法律专业，但因为父母的坚持，她学了中医。她不知道自己要如何度过这5年，也不知道今后要从事什么工作，能从事什么工作。

启示 很多大一的新生都有"张鱼式"的困惑，如何走出这种困惑，需要辅导员和班主任对这些学生进行心理辅导和专业教育。而最重要的，是帮助他们做好大学阶段的规划，乃至整个人生规划。

1.1 生涯与生涯规划

1.1.1 生涯的含义

生涯的英文为"career"，字源为罗马字"via carraria"及拉丁字"carrus"，二者均指古代的战车。在希腊，career最早用作动词，如驾驭赛马（to career a horse）。在西方的概念里，使用"生涯"一词就如同在马场上驰骋竞技，隐含有冒险、克服困难奋进的意思。

"生涯"与"职业生涯"容易混淆。实际上，"生涯"比"职业生涯"的内涵和范围要更深广。生涯指一个人从出生到死亡的过程，包括学习、工作、休闲、生活等角色的扮演和人际交往，以及世界观、人生观和价值观的形成过程等。目前，对生涯的定义一般采用美国职业理论专家舒伯的观点。他认为，生涯统合了人生中的各种职业和生活角色，是一个人终其一生扮演角色的全过程，分别由时间（有生之年）、广度（扮演角色的多少）和深度（角色投入的程度）三个方面构成，并指出"生涯是以人为中心的，只有在个人寻求它的时候，它才存在"。

因此，"生涯"的含义并未大到与"生命""生活"相等，也未小到与"工作""职业"等义，其本身具有很丰富的内涵与范围。

由以上论述，可以得出，生涯的含义主要有以下三个特点。

（1）生涯发展具有独特性和方向性。每个人因其自身先天条件、家庭背景因素、所处的社会文化氛围、生活学习影响因素等，慢慢会形成自己相对稳定的思想和价值观，并将按照自己的生涯规划或生活学习影响走上独特的人生之路。

（2）生涯发展具有时间上的持续性和空间上的多样性。人的"过去"会影响其"现在"的思想行为，"现在"的思想行为又会对"未来"产生深远影响，在一个个"过去、现在、未来"的不断交替中形成生涯的持续性效应。在每一个"过去、现在、未来"的位置元素中，个人的发展因追求、喜好、学习、生活和工作等，呈现角色的多样性。

（3）个人是生涯的主动塑造者。舒伯曾说，生涯只有在个人寻求它时，它才存在，这隐含着人是生涯的主动塑造者。本书开篇讲到"生涯"的原意是冒险和奋进，人的一生受遗传条件、社会阶级、国家政策、社会机会等多方面的影响，但人不是被动地受环境的制约，而是主动地去思考和规划人生路径，进而改变环境、创造机会。

1.1.2　生涯规划

生涯规划是指个人根据自身的智能、性格、资源、价值观，以及所在的社会环境和社会角色等，尽其所能地对生涯未来的发展历程做出比较全面而长远的发展计划。

生涯规划有多方面内容，如学业生涯规划、家庭生涯规划、社会生涯规划、职业生涯规划、休闲生涯规划等。其中，职业生涯规划是所有生涯规划中较为关键的内容。因为人需要在社会中体现人生价值、创造社会价值，而多数人生命中一半以上的时间都是在工作，因此，合理规划好职业生涯，是一个人理想和价值得以实现的有效途径。

1.2　职业与职业生涯规划

1.2.1　职业

通常认为，职业就是指人们为了谋生和发展而从事的相对稳定、领取报酬、分门别类的劳动。职业，实质上是劳动者与生产资料的结合，体现了当代人的社会角色及功能价值。人们通过职业劳动，获得经济报酬，通过交换劳动成果，满足彼此所需。因此，职业和职业活动无论对个人还是社会都有非常重要的意义。

❶ 职业对个人发展的意义

马克思说："人的本质并不是单个人所固有的抽象物。实际上，它是一切社会关系的总和。"人具有社会属性，不可能脱离群体而单独存在。职业对个人发展的意义，一般可以用一个三层金字塔来体现：第一层，生存需要；中间一层，获得肯定与赞赏；第三层，实现个人价值，也即成就感。如图1-1所示。

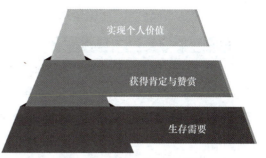

图1-1　职业对个人发展的意义

❷ 职业对社会发展的意义

社会中的职业随着时代的发展而不断变化。在某一时期，职业一旦产生，便在社会中独立存在，人们在认识、选择、从事和发展职业的过程中，构成了人与社会的共存模式，人与职业、职业与社会、社会与人，互相影响、互相促进，从而对社会产生重大意义。

（1）职业能够有效促进社会的发展。新型职业不断涌出，如网络主播、软件研发工程师、互联网营销师等，不断促使社会向前发展，改变旧的经济状态，开启人与人之间、人与社会之间新的形式链接。

（2）职业具有维护社会稳定的重要意义。中国人自古就重视安居乐业，良好的就业氛围可以使无业者有业、有业者乐业，有利于社会的安定团结。

1.2.2　职业生涯规划

职业生涯规划由职业辅导一词而来。职业辅导源于20世纪中叶的美国，舒伯在前人理论的基础上，提出个人生涯发展的五个阶段，即成长、探索、建立、维持和退出，如表1-1所示。这也让职业辅导逐渐转变为职业生涯辅导。

表1-1　个人生涯发展的五个阶段

	成长 （Growth）	探索 （Exploration）	建立 （Establis- hment）	维持 （Mainten- ance）	退出 （Disengagement）
年龄	0～14岁 （儿童期）	15～24岁 （青年期）	25～44岁 （成年初期）	45～64岁 （成年中期）	65岁及以上 （成年晚期）
发展 重点	能力、兴趣、态度及自我概念的发展	对自我和工作世界的探索和了解	从工作经验中考虑职业如何与个人配合；以不同的方法调整工作，维持职业状况	以不同的方法调整工作，维持职业状况	减少工作，退休
发展 任务	获得不同的经验，实现自我肯定，建立信心	结晶化 （15～18岁） 特定化 （19～21岁） 实施 （22～24岁）	稳定巩固	发展新技能	发展非职业性的角色

职业生涯规划也称职业生涯设计，是一个人对其一生职业发展道路的设想和规划，

通过对自我、家庭、社会等综合评估，做出对个人未来职业发展的一系列规划。

❶ 职业生涯规划的四条准则

（1）择己所爱。俗话说"兴趣是最好的老师"，能够从事自己喜欢并擅长的工作，可以在极大程度上获得满足感。经调查发现，一个人能够在某个领域里取得成功，除了努力、尽责和敬业外，与个人对这个领域的浓厚兴趣有正相关影响。因此，根据自己的特点，选择自己喜欢的职业非常重要。

（2）择己所长。任何职业都要求从业者具备相应的知识和技能，但每个人终其一生不可能掌握各职业领域中的所有技能。因此，在进行职业选择时，能够择己所长，才能发挥个人的潜能优势。

（3）择世所需。职业的变迁，伴随的是社会的不同需求。在选择职业初期，如果能够客观分析未来社会趋势，将眼光放远，有目标地规划职业生涯，择世所需，则能够大概率获得事业的成功。当然，如何准确把握时代脉搏，是需要不断学习和总结的，终身学习是一个人非常重要的人生态度。

（4）择己所利。此"利"非"追名逐利"之"利"，而是一个人在选择职业时，经综合评估后的最大人生之"利"，可以说是实现人生的最大幸福值。除了生存所需基本物质，还有个人成就感，包括家庭的美满和谐和受人尊重的社会地位，以及对社会的贡献。

❷ 职业生涯规划的步骤

在进行职业生涯规划时，要充分评估个人的理想与现实的差距，准确设定未来职业方向，充分认识职业社会与自身未来价值的关联性，通过学习、参加培训、实践等不断提高职业竞争力。职业生涯规划一般有六个具体步骤，如图1-2所示。

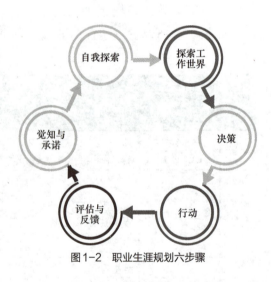

图1-2　职业生涯规划六步骤

（1）觉知与承诺。我们决定做或不做一件事，几乎都是从觉知和承诺开始的。觉知不只是知道，更是从知道到醒悟的过程，即明白职业生涯的意义与价值，清楚职业生涯规划对自己的重要性，从而给自己一个承诺，并积极主动地付诸行动。

（2）自我探索。"我是谁？我从哪里来？我要到哪里去？"一直是哲学上最难回答的问题。有人问古希腊哲学家泰勒斯："何事最难为？"他回答说："认识你自己。"老子有言："知人者智，自知者明。"从中可知，能中肯、客观地评价自己是多么困难和重要的事。在进行职业生涯规划前，充分地对自己的兴趣、性格、技能、价值观等进行了解，有助于确定自己的职业方向，从而做出合理的选择。

（3）探索工作世界。个人的职业规划要和当下的社会需求紧密结合，探索社会世界环境，评估个人职业预期与现实职业社会的差距，了解个人职业目标在这个社会环境中的地位，以及职业环境对自己提出的要求和自己所具备的条件等。

（4）决策。通过对自身和工作世界的探索，个人的职业目标越来越清晰。虽然缩小了个人职业范围，但依然是一个职业群，还需要我们通过理性、科学的方法继续规划目前所做的决定。通过谋划实现职业目标的具体时间和步骤，设置自身职业规划对策，可以说，"职业决策＝决定＋对策"。

（5）行动。"实践是检验真理的唯一标准。"在做好决策之后，最重要的，是执行计划。很多时候，人们的理想通过现实生活的检验后，多少会发生转变。例如，有人对音乐很感兴趣，也下决心好好学习，但是在上过几次课后，发现自己对音乐并不够敏感，不能清晰准确地识别曲谱和音调，不断产生挫败感，慢慢对音乐就不再感兴趣。

在职业目标确定后，需要对发展路线做出选择。例如，走技术路线或者管理路线，又或者两条路线同时进行。

（6）评估与反馈。在进行职业生涯规划时，引起改变的因素有很多，有的可以预测，而有的难以预测。在这种情况下，需要对职业规划执行情况进行客观的评估，中肯地分析已完成的计划与未完成的计划，再一次进行自我评估，及时调整职业预期，确定下一步规划的方向和问题对策。

1.3 生涯彩虹图

生涯彩虹图是舒伯绘制的一个多重角色生涯发展的综合图形，如图1-3所示。生涯彩虹图很直观地反映了个人一生整体发展的三个层面，以及其在不同时期的生活角色。

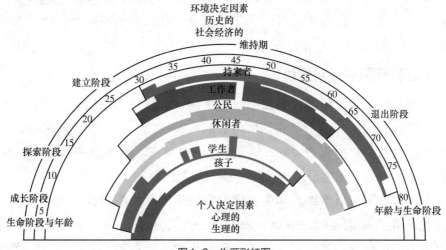

图1-3 生涯彩虹图

1.3.1　生涯彩虹图的分层

❶ 生活广度

在生涯彩虹图中，横向层面代表的是横跨一生的生活广度。外层显示的是人生发展阶段和大致估算的年龄，即成长阶段、探索阶段、建立阶段、维持期和退出阶段。在这五个主要的人生发展阶段中，各个阶段还可以划分出更细微的阶段。每个阶段的年龄划分有很大的弹性，要依据不同的个体情况而定。

❷ 生活空间

在生涯彩虹图中，纵向层面代表的是纵贯上下的生活空间，由不同的角色组成。角色与角色之间相互作用，相互影响。

1.3.2　个体一生发展的三个层面

❶ 时间层面

时间是贯穿每个人生五个阶段的主线，在个体发展历程中，每个阶段都是互相影响的，当下阶段受过去阶段的影响，同时当下阶段也是未来发展的基础。

❷ 领域层面

生涯阶段的领域层面也是范围层面，即生涯宽度，是指一个人在一生中扮演的不同角色。舒伯认为人一生的六个角色互相影响，在某一个角色投入的精力会影响其他角色的投入情况，这就是生涯彩虹图中的角色凸显，每个人角色凸显的不同可以反映一个人在不同时期的价值追求。

❸ 深度层面

深度层面即生涯厚度，指一个人在扮演角色时投入的程度。在不同角色的扮演中，不同角色起始时间不同，同一年龄阶段可能同时扮演多重角色，因此会有重叠；不同角色的宽度代表在这个年龄阶段角色扮演的权重比例分配。在生涯彩虹图中，我们会发现不同年龄阶段，角色权重会有所侧重，这是由于随着年龄增长，角色投入的时间和感情会发生改变。

1.3.3　生涯彩虹图的应用价值

（1）**生涯彩虹图可以帮助大学生很好地平衡各个角色的变化**。角色之间是互相作用的，某个角色上的成功能带动其他角色的成功；反之，一个角色的失败，也可能导致另一角色的失败。一般来说，在个人时间、精力、资源有限的前提下，如果为了某一角色的成功付出太大的代价，也有可能导致其他角色的失败。

（2）**生涯彩虹图可以帮助大学生有序地完成不同角色的转换**。人的社会任务或职业生活发生变化，角色也随之变化，进而从一个角色进入另一个角色。角色转换的变化从根本上来说是社会权利和义务的变化。大学生就业后的社会角色转换不是瞬间发生和完成的，而是有一个过程的。生涯彩虹图可以帮助他们提前了解和适应相应的角色。

（3）**生涯彩虹图可以帮助大学生更加清晰自己的生涯规划。**每一个人的生涯彩虹图都是不同的，通过生涯彩虹图，可以修订和完善自己的规划。

思 考 与 练 习

1.大学生进行职业生涯规划的意义有哪些？

2.职业生涯规划的四条准则是什么？

3.请大家尝试绘制个人生涯彩虹图。

CHAPTER 02

第2章　兴趣探索

案例导入

　　婷婷，23岁，打扮时髦、充满活力，在校读的是医药营销专业。她特别羡慕影视作品中那些整天身着职业装，带着笔记本电脑"飞来飞去"的商业女性形象，渴望自己成为那样的人。经过努力，她如愿成为一家营销企业的销售代表。婷婷通过电话销售方式来积累客户，刚开始觉得挺有意思，但时间长了她便感到了枯燥和压力。毕业两年多，她已经换了4家公司，她认为这些工作都不是自己所喜欢的，她感到迷茫，缺乏动力。

启示　大学生探索自己的职业兴趣是非常重要的。如果一个人对某种工作产生兴趣，那么他（她）的智力、潜能就会得到充分发挥，及时调动其自觉性和积极性，再枯燥的工作也不会觉得是负担，反而会是一种享受，进而全身心地投入，并获得成功。

2.1　兴趣与职业生涯发展

　　兴趣能将一个人的潜能更好地发挥出来，使人长期专注于某一事物，并取得良好的成效。职业兴趣，是人们在职业活动中产生的兴趣，是兴趣在职业方面的表现，不同的人对不同职业有着不同的心理倾向，使人们给予不同的职业以目光，对该职业产生向往。了解自己的职业兴趣类型，并在此基础上设计职业发展目标，对每一位大学生来说都是至关重要的。

2.1.1　霍兰德职业兴趣理论

❶ 职业兴趣

美国约翰斯·霍普金斯大学心理学教授约翰·霍兰德（John Holland）于1959

年提出了具有广泛社会影响的职业兴趣理论。他认为，人的人格类型、兴趣与职业密切相关，兴趣是人们活动的巨大动力，人们的职业兴趣如果和从事的职业一致，那就会积极、愉快地从事该职业，且职业兴趣与人格之间具有很高的相关性。约翰·霍兰德提出了六角形模型，将职业兴趣归纳为六种类型：即实用型（Ralistic Type，简称R）、研究型（Investigative Type，简称I）、艺术型（Artistic Type，简称A）、社会型（Social Type，简称S）、企业型（Enterprising Type，简称E）和常规型（Conventional Type，简称C），如图2-1所示。

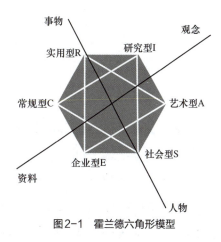

图2-1 霍兰德六角形模型

个人的职业兴趣往往是多方面的，很少只是集中在某一种类型上。每个人或多或少地具备所有六种兴趣，只是偏好程度不同。为了比较全面地描绘个人的职业兴趣，通常用其中三种兴趣的代码表示个人兴趣，这种代码就称作"霍兰德代码"（Holland Code），三个字母的排列顺序体现了个人兴趣的强弱程度。比如，SAI和AIS的人具有相似的兴趣，但他们对同一类型事务的兴趣的强弱程度是不同的。

❷ 霍兰德职业兴趣类型

实用型人群倾向于使用工具从事操作性工作，动手能力强，做事手脚灵活，动作协调。他们偏好于具体任务，不善言辞，做事保守，较为谦虚。缺乏社交能力，通常喜欢单独做事。适合从事的职业有：园艺师、木匠、汽车修理工、计算机硬件人员、制图员、机械装配工等。

研究型人群求知欲强、肯动脑、善思考，他们做事喜欢精确，考虑问题理性，逻辑分析和推理能力强大，热衷于探索未知的领域。适合从事的职业有：科学研究员、设计师、工程师、实验员等。

艺术型人群创造性强于常人，对色彩、音乐等有更敏锐的感觉，喜欢带有艺术气息的文学作品、美术画作、音乐表演等，关注原创与创新，思想自由、开放。适合从事的职业有：书画师、音乐师、漫画师、文学家、雕塑家等。

社会型人群拥有良好的社会交际能力，擅长与他人沟通，能够不断结交新的朋友，他们关心社会问题，看重社会义务和社会道德，愿意热心服务于他人。适合从事的职业有：医生、护士、职业心理咨询师、教师、律师等。

企业型人群追求权力、权威和物质财富，具有领导才能。他们喜欢竞争、敢冒风险，为人务实，做事有较强的目的性。适合从事的职业有：项目经理、营销管理人员、制片人等。

常规型人群尊重权威和规章制度，喜欢按计划办事，细心、有条理。他们喜欢关注实际和细节，较为严谨和保守，不喜欢冒险和竞争，富有自我牺牲精神。适合从事的职业有：秘书、会计、打字员、行政助理、投资分析员。

"实用""常规"等只是霍兰德用来概括某一人格特征的词，在此有其特定的含义，与我们日常用语中的含义不完全等同。另外，在阅读对每一种类型的描述时，这些描述不一定完全符合，这只是一种理想的、典型的形式。

2.1.2 兴趣对职业生涯发展的影响

想要做好职业生涯规划，就要对自己有足够的了解。当人们选择了自己感兴趣的工作时，往往能在更大程度上激发自己的潜能，较容易获得成功。乔布斯曾经说过，只有爱你所做的，你才能成就伟大的事业。

（1）兴趣影响职业选择。人们在进行职业选择时，兴趣往往是不可或缺的重要依据。就像日常生活中人们更愿意参加自己感兴趣的活动一样，在进行职业选择的时候，如果不考虑外在因素，人们会更倾向于选择自己喜欢的、感兴趣的职业。兴趣可以激发人的主动性，驱使人们自觉自愿地去获取相关职业的知识和技能，并克服工作中的困难，开创良好的工作局面。只要对自己的职业感兴趣，真心喜欢自己的职业，人们的工作积极性就会很高，并且能够在工作中主动思考、大胆探索，反之"赶鸭子上架"是不会取得好效果的。

（2）兴趣提高工作效率。当人们对自己的工作非常感兴趣时，即便是枯燥的工作也会变得轻松有趣。好的工作方式是主动完成任务，享受工作过程并创造好的结果。兴趣可以调动一个人的积极性，激发他的职业潜能，使其全身心地投入工作当中。兴趣与能力的有机结合可以产生巨大的能量，大大提高人们的工作效率。有研究表明：当一个人从事自己感兴趣的工作时，可以发挥他全部才能的80%~90%，并且能长时间保持高效率，不会感到疲劳；可当一个人从事自己没有兴趣的工作时，他的才能就只能发挥20%~30%。

（3）兴趣影响职场稳定。人们对自己感兴趣的事情总是充满探索和求知的欲望，所以在做自己感兴趣的工作时更容易调动自己的积极性，乐于钻研，从而更大限度地施展自己的才华，发挥主动性与创造性。相反，当一个人长期做自己完全不感兴趣的工作时，他就会产生倦怠、反感甚至厌恶情绪。工作积极性不高会导致工作效率低下，因此受到领导的批评，严重的还会产生心理疾病。如此恶性循环将导致无法继续从事这份工作，进而频繁跳槽影响职场稳定。

2.2　探索个人的兴趣

❶ 兴趣探索的练习

（1）课堂活动：回想幸福时刻。

现在请大家启动大脑时光机器，搜索一下，在过去的日子里，有什么时刻会让你忘情地投入一件事情，并获得幸福感和愉悦感。请仔细地回想当时的场景、细节以及自己的感受和体验。

讨论：请记录下这些时刻和事情，并思考这些时刻和事情与你未来的发展道路有何关联。

（2）课堂活动：环游六个岛屿。

①活动内容

假设你获得一个海岛体验活动的机会，可以在岛上免费体验生活一个月，你会选择下面哪个岛屿呢？

A岛：美丽浪漫的岛屿，岛上随处可见各种美术馆、音乐馆、充满了浓厚的文化艺术气息。岛民们还保留了传统的舞蹈、音乐与绘画，许多文艺界的人士常来岛上举行派对，启发灵感。

I岛：深思冥想的岛屿，岛上平畴绿野、人少僻静，特别适合仰望星空。岛上有很多天文馆、科技馆及图书馆。岛民们喜好沉思冥想、专注研究。时常有科学家、哲学家、心理学家来此岛聚会，交流思想。

C岛：现代井然的岛屿，岛上处处耸立着各式现代化的建筑，彰显出进步的都市形态。岛上的户政、地政和金融管理都很完善。岛民们都很保守冷静，处事很有条理，擅长组织和规划。

R岛：自然原始的岛屿，岛上拥有丰富的热带原始植被和原始丛林，生态系统良好。岛上还有很多规模庞大的植物园、动物园。岛民们动手能力很强，生活自给自足，对种植花果、栽培蔬菜、修缮房屋、打造器物、制作工具等各方面都很擅长。

S岛：温暖友善的岛屿，岛民们性情温和、友善热情、乐于助人，人际关系非常和谐。岛民们合作互助，重视教育，社区内结成互助紧密的服务网络，充满人文关怀的氛围。

E岛：显赫富庶的岛屿，岛上经济高度发达，高级饭店、俱乐部、高尔夫球场随处可见，岛民们大气豪爽，热情好客，擅长经营企业和贸易活动。岛上往来的多是企业家、经理人等商界人士和社会名流，享受高品质的生活。

②活动要求

a.根据自己选择的岛屿按老师指定的岛屿位置分别就座。

b.同一岛屿的人交流一下：自己为什么选择这个岛屿，看看大家有什么共同的兴趣爱好。

c.根据大家的交流给自己的小组命名并选取一个标志物，在一张A3白纸上制作本小组的宣传图。

d.每个小组请一位同学展示自己小组的图并介绍自己小组成员的共同特点。

③活动解说

这六个岛屿代表霍兰德提出的六种兴趣类型。A岛代表艺术型，I岛代表研究型，C

岛代表常规型，R岛代表实用型，S岛代表社会型，E岛代表企业型。

做完这个活动，大学生们可以得出自己的兴趣类型，如果选择三个并进行排序，得出的结果就是这个人的霍兰德代码。

❷ 个人兴趣与职业环境的适配

兴趣是一种强大的精神力量。兴趣可以使人集中精力去获得自己所喜欢的职业知识，启迪智慧并创造性地开展工作。当一个人对某种职业发生兴趣时，他就能发挥整个身心的积极性；就能积极地感知和关注该职业的知识、动态，并且积极思考，大胆探索；就能情绪高涨、想象力丰富；就能增强记忆效果，增强克服困难的意志。反之，"强按牛头不喝水"，是不会取得良好效果的，当然也就很难在该职业上发挥个人的优势、做出巨大贡献了。

我们可以使用霍兰德类型来了解并组织自己的兴趣，再根据它来探索及理解工作世界。通过自我探索活动或测评工具得出自己的兴趣代码后，就可以对照找出与之相匹配的职业，从而去了解可能适合自己的工作领域。

需要说明的是，在实际生活中，同时拥有相对的两种兴趣类型（如霍兰德代码为RSE，R与S在六角形模型上处于对角线位置）的人并不少见。在寻找与这样的兴趣类型完全匹配的工作时往往会出现困难，因为同一个工作环境很少会包含相对立的两种状况（如既提供大量与人打交道的机会又提供大量个人单独工作的机会）。在这种情况下，可以考虑从事包含自己某种兴趣类型的工作（如RE或SE），而在业余生活中寻求在工作中未能满足的兴趣。

当我们倡导在职业选择上寻求个人兴趣与职业环境之间的适配时，"完全的"适配只是我们不断接近的一个理想目标。现实中，我们做不到百分之百的适配，但不必因此而放弃对个人兴趣的重视。我们的职业至少应当在一定程度上体现个人兴趣，可以是90%，也可以是40%，而其余部分可以在生活中的其他方面，或通过其他活动（如业余爱好、志愿活动、辅修专业等）来实现。

即使从事与自己的兴趣类型不适配的工作，也没必要沮丧。因为，具体的工作实际上千变万化，很难用简单的类型来划分。比如，像机械修理这种实用型的工作，也可以在其中加上社会型的元素，将它作为一项为客户提供满意服务的职业来从事。由于从事某职业的典型人群通常趋向于特定的兴趣爱好，这既是他们的长处也可能是他们的弱点。而一个与职业环境不太适配的人，则有可能成为这个群体中独树一帜的人，做出独特的贡献。当然，这类人也需要理解并能接受这样的现实，即在这个职业环境中可能会感到不适应。

❸ 个人兴趣与专业的适配

大学生对专业的兴趣与其在学业上的投入和努力程度是密切相关的。每一位大学生都应积极转变自己在寻求教师帮助的积极性不足，以及个人在专业学习上的认知、行为投入不足，而限制自己专业兴趣水平的现状。

"如果上天再给我一个重新选择专业的机会，我会对现在的专业勇敢说'不'！"每年9月开学季，总有一些大学生感到迷茫，因为他们发现所选择的专业与自己的兴趣是不适配的。于是，他们有人计划在大学期间进行专业调整，也有人计划在考研时转换专业……

实际上，个人兴趣和专业的适配可以通过多种方式灵活地实现。比如，一个喜爱文学（艺术型）而学习计算机专业（实用型）的大学生，可以考虑在毕业后去《计算机科学》《计算机时代》《电脑爱好者》等一类的杂志社工作，这样就可以将自己艺术型的兴趣与实用型的专业结合起来，在一定程度上满足自己的兴趣。

再比如，一个希望当律师帮助弱势群体的大学生，他占主导的兴趣类型可能是社会型（S），而法律专业常见的职业，如律师第一位的兴趣类型则是企业型（E）。这时，他可能感到自己所学的专业与自己的兴趣不完全匹配。但如果他将来从事"青少年法律援助"之类的工作，则完全可以满足他社会型的兴趣，并很好地与他的专业知识相结合。

 拓展阅读

王某，男，某中医药大学学生，在校期间积极参与班集体活动，比较活跃，多次组织班级开展各项志愿活动，利用所学专业，通过中医理疗养生保健，服务于基层居民。毕业后，他继续发挥特长，在浙江省自主创建"活力加油站"品牌，在基层以丰富居民维护健康的方式，有效提高居民的健康水平，构建了当地居民"有活力、更健康"的高层次健康服务体系。与此同时，联合浙江省中医药学会共同举办的"活力加油站·医药科普教育"活动还得到了《中国中医药报》、光明网、人民网等多家媒体的报道。

 思 考 与 练 习

小王擅长演讲，所以她认为自己应该选择播音主持专业。小丁一直以来喜欢打游戏，所以他觉得自己应该读计算机专业。请大家讨论：特长与职业兴趣有何区别？

CHAPTER 03

第3章 性格探索

案例导入

　　江西某高校的大学毕业生小薛，女，汉语言文学专业，性格内敛，不善交际，做事谨慎认真，毕业后选择了去一家企业做文秘工作。领导也认识到小薛的个性特点，为了人尽其才，就安排小薛尽量做一些文字类的工作。

　　小薛在工作中一直兢兢业业，虽没有特别拔尖的业绩，但谨慎认真的性格还是受到领导和同事的一致好评。小薛认为自己会这样一直平淡而无争地工作下去。但世事难料，老领导退休后，换来了新的领导，新领导希望自己的秘书能够八面玲珑、善于交际、思维活跃，且具有创新精神。然而，这些要求和小薛的个性相差很大，为了能够继续待在企业工作，小薛不得不硬着头皮去完成自己不擅长的工作任务，这对性格内向的她是个很大的挑战，加之因为不擅长而常出现一些小错误，让她感受到前所未有的职业压力和挫败感，久而久之，身心疲惫的她有了换一份工作的想法。

　　启示　根据案例中小薛认真仔细、文静内敛的性格特点，是比较适合从事文秘类工作的，但缺乏当代秘书工作者所需要的社交能力和应变能力，因此让一向含蓄内敛的小薛周旋在不同人之间，可以想象是有压力的。不同的岗位对人的职业性格有不同的要求。如果一个人的性格不适合岗位的期待，即使能做也很难长久地坚持，因为他在工作中总会感觉到"别扭"，如此将会影响他长期工作的热情。如果他的性格与岗位要求相匹配，则能够很好地发挥自身的主观能动性，真正体验到工作的乐趣和幸福。

3.1　性格的含义

　　在《现代汉语词典》中，对性格的解释有两种：一是性情品格，是指人在态度和行为上所表现出来的心理特征；二是脾气。脾气与个性、性情、秉性、性子相近。在现代，对于性格的定义比较广泛。大多数人认为，性格是表现在人对现实的态度和相应的行为方式中比较稳定的、具有核心意义的个性心理特征，是一种与社会关系密切的人格特征。换言之，性格是指个人的品行道德和风格，是人格的一个重要组成部分，是个人有关社会规范、伦理道德方面的各种习性的总称，是不易改变、稳定的心理品质，是个人后天形成的道德行为特征。

性格体现了人格的社会属性，具有可塑性。大量研究表明，性格与职业具有可匹配性，不同的性格适合不同的职业，根据性格选择职业，可以更好地发挥个体的聪明才智，从而能够得心应手地驾驭本职工作。

3.2　性格与职业生涯发展的关系

杰克·霍吉在《习惯的力量》一书中有句非常著名的论断："思想决定行为，行为决定习惯，习惯决定性格，性格决定命运。"奥维德也说："没有什么比习惯的力量更强大。"中国古语有云："积行成习，积习成性，积性成命"。在我们的日常生活中也会体验到"思想、行为、习惯、性格"四者，而习惯的力量更大于其他三者。很多时候，一个人的习惯是其思想与行为的领导者。日积月累的习惯能够让我们减少思考的时间，简化行动的步骤，让我们更有效率；但习惯也会让我们封闭、保守、顽固、墨守成规。

 小练习

第一步：双手举起，十指张开。

第二步：将十指随意地交叉握拳，观察一下自己的大拇指，哪个大拇指在上（左手还是右手）。

第三步：同样的动作，再做一次，刻意调换一下拇指位置（如果上一步是右手大拇指在上，这次让左手大拇指在上）。

说说调换后，你的身体感受。

从以上的练习中可以发现，当我们刻意改变左右手十指交叉握拳的姿势时，会感到"别扭""不自然""费劲"，而且在做之前还要进行思维意识的配合，这就是身体的惯性。

性格也像身体的惯性一样，天生有擅长的一面，也有不擅长的一面（就如同我们的左右手），它们没有好坏或对错之分。不同的性格都有不同的利弊。内向的人可能寡言少语、不善交际，但一般他们会比较专注，更有内省精神，而这些可能是外向的人所缺乏的。性格是个人在活动习惯中与个体身心状况、家庭环境以及社会环境等相互作用下的综合产物。当知晓个人性格的特点，找到适合自己性格特点的职业环境后，我们便能够很好地利用个人性格的优势和特长，成为高效工作者。

性格对个人职业生涯发展有重要影响，一般基于以下几个因素。

❶ 性格使人有偏爱倾向性

性格会使一个人对某一种人或某一种环境有偏爱。由于性格不同，每个人在不同的环境中会表现出不同的情绪反应。一个偏向于温和、善意、和谐、舒适的工作环境的人，如果处在激烈竞争、快节奏的工作环境中，会觉得每一天都是"辛劳、疲惫"的，缺乏工作的幸福感和成就感。因此在职业选择中，我们应尽可能选择与自己个性特征相符的职业，这样才能在工作中满足自己的独特内在欲望，更重要的是发挥个人潜能特长，体验更多的快乐和成就。

❷ 性格与职业匹配性越高，成功率越高

职业心理学家勃兰特曾经做过一个实验。他追踪调查了一批大学毕业生，将他们的个性、在校成绩、智力与他们毕业5年后的收入进行比较，发现事业成功和智力的相关度为0.18，与在校成绩的相关度为0.32，与个性的相关度为0.72。这个实验表明，一个人事业的成功与其个性是否适合此项事业的关联度最高。也就是说，职业与性格的匹配度越高，事业成功的可能性越大。

职业心理学的研究表明，不同的职业需要具有不同性格的从业者，某一类职业工作能够体现出从事此类工作的人共同的职业性格。

3.3 MBTI职业性格理论

1921年，卡尔·荣格在《心理类型学》一书中提出了四种功能类型，即理性功能的相互对立的两种类型（思维功能与情感功能）和非理性功能的相互对立的两种类型（感觉功能和直觉功能）。由此，荣格将两种类型和四种功能组合起来，形成了八种个性类型：外倾思维型、外倾情感型、外倾直觉型、外倾感觉型、内倾思维型、内倾情感型、内倾直觉型、内倾感觉型。

美国心理学家布里格斯和她的女儿迈尔斯在荣格的两种态度类型和四种功能类型的基础上，又增加了判断和知觉两种类型，由此形成了个性的四维八极特征，它们彼此结合形成了十六种个性类型。经过二十多年的研究后，编制成了《迈尔斯-布里格斯人格类型量表》（Myers-Briggs Type Indicator，MBTI），从而把荣格的类型理论付诸实践。

❶ MBTI理论

MBTI理论认为，一个人的个性可以从四个角度进行分析：能量获得途径、接收信息的方式、决策的方式、对外部世界的态度。

MBTI能够让人更好地认识和了解自己，帮助用人单位对不同类型的员工进行更好的职位匹配。目前是世界上公认的、应用较广泛的职业测评工具之一。MBTI主要用于了解受测者的性格特点、做事风格、职业适应性、职业匹配性和未来潜质等，从而提供合理的、具体的决策建议。

（1）获得能量的途径。按人们能量的获得途径，可将"获得能量的途径"划分为外倾型（Extroversion，E）和内倾型（Introversion，I）。外倾型的人喜欢与人交流，他们的注意力偏向外部的人和事，喜欢从与人的交往中获得生命活力。内倾型的人的注意力偏向于自身的内心世界，从思想、回忆和情感的反思中获得生命活力。外倾型和内倾型的外在表现如表3-1所示。

表3-1　外倾型和内倾型的外在表现

外倾型	内倾型
热情、积极、主动 喜欢表达，滔滔不绝 语言和思维同步进行 说话快，音量高 爱好广泛 喜欢与朋友分享团聚 生命的喜悦来自与外界的互动	谨慎、稳重、慢热、沉默寡言 三思而后行 语言平缓，慢条斯理 兴趣专注 享受孤独 刨根究底 内心的满足来自推理判断

（2）接受信息的方式。按人们获取信息的方式，可将"接收信息的方式"划分为感觉型（Sensing，S）和直觉型（Intuition，N）。感觉型的人习惯用自己的五官来感受外部世界，获取信息，他们倾向于收集事实存在的信息，观察入微。直觉型的人偏向于通过想象、无意识等超越感官的方式来获取信息，他们重视物与物之间的关联，关注事物的全貌，善于看到新的可能性。感觉型和直觉型的外在表现如表3-2所示。

表3-2　感觉型和直觉型的外在表现

感觉型	直觉型
关注客观事实 注重现实的、具体的事物 喜欢直入主题 清晰、精简、周详 关注细节 注重个人经验 实事求是，客观具体	关注意义 注重价值、未来的可能 喜欢宏观、建设性问题 创意、复杂、模糊 关注整体 相信灵感直觉 追求未来的可能性

（3）做出决策的方式。根据人们决策的方式，可将"做出决策的方式"分为思考型（Thinking，T）和情感型（Feeling，F）。思考型的人习惯用逻辑分析做决定，能把自己从情境中抽离，从旁观者的角度进行客观的分析，目标是找到一个应用于所有相似或类似情景的标准或准则。情感型的人习惯于换位思考，试图理解别人的感受，

然后在此基础上根据个人的价值判断做出决定，目标是创造和谐的氛围，把每一个人当作一个独特的个体来对待。思考型和情感型的外在表现如表3-3所示。

表3-3　思考型和情感型的外在表现

思考型	情感型
公事公办 客观、公平、原则 不近人情 语言直接、生硬，不拐弯抹角 坚定、固执 逻辑推理，遵循标准 对人际关系不敏感	注重情感 体贴、感同身受 富有同情心 语言委婉、含蓄，动之以情 犹豫、随性 权衡利弊，主观评价 注重人际的和谐

（4）对待外部世界的态度。根据人们与外部世界打交道的态度，可将"对待外部世界的态度"划分为判断型（Judging，J）和知觉型（Perceiving，P）。判断型的人喜欢将事物安排得井井有条，他们习惯制订日常计划，按照计划安排日常生活和工作，从完成任务中获得成就感。情感型的人喜欢以一种灵活、自发的方式生活和工作，更愿意体验和理解生活，而不是去"控制"，他们不喜欢被计划束缚，愿意对新事物、预料之外的事情保持开放态度。判断型和知觉型的外在表现如表3-4所示。

表3-4　判断型和知觉型的外在表现

判断型	知觉型
有计划、有目标，循规蹈矩 有较强的时间管理能力 按部就班完成任务 喜欢整洁、干净、有条理 制订短期及长期计划 一旦确定目标，便努力去实现	随心所欲 缺乏管理，保持生活的弹性 拖拉，做到多少是多少 喜欢灵活、随意、开放的生活 不断适应，经常改变 不喜欢被束缚，追求新体验

 练习

请大家根据以上MBTI理论对四个维度的详细论述，自我评估一下，看一看自身的性格倾向。

在外倾型和内倾型这个维度上，我更偏好的是（　　）。

在感觉型和直觉型这个维度上，我更偏好的是（　　）。

在思考型和情感型这个维度上，我更偏好的是（　　）。

在判断型和知觉型这个维度上，我更偏好的是（　　）。

❷ MBTI理论的16种人格类型

人的性格非常复杂，每个维度都会彼此影响，只有将四个维度结合起来，才能够更客观地理解一个人。在MBTI理论中，四个维度中的两极刚好形成16种人格类型，具体如下。

（1）ISTJ型：内倾 / 感觉 / 思考 / 判断。

基本特征：踏实、守信、认真、有始有终。一切从实际出发，注重事实和依据，责任心强。坚定、自信，不轻易受外界影响而分散注意力。做事讲究事先规划，井然有序地完成工作任务。重视传统价值，为人忠诚。

可能存在的盲点：很容易过于迷恋日常的细节和常规的操作，从而变得顽固保守，不容易接受他人的意见和建议。

适合的领域：工商业、银行业、政府机构、技术和医学等。

适合的职业：管理监督员、财务税收人员、房地产代理商、投资担保人、预算分析师、会计师、审计员、机械工程师、程序员、医疗研究者等。

（2）ESTJ型：外倾 / 感觉 / 思考 / 判断。

基本特征：讲求实际，注重现实和事实依据。行事果断，有较强的组织能力，注重工作效率，会以强硬的态度推动事物的发展。思维逻辑清晰，注重细节。

可能存在的盲点：态度冷漠，难以让人靠近，要注意对自己及他人情感上的关怀和尊重。批判精神很强，很难真正欣赏他人的才能并给予赞同和表扬。

适合的领域：无明显领域特征。

适合的职业：公司首席执行官、军官、药剂师、房地产经纪人、物业管理、银行官员、项目经理、信息总监、后勤与供应经理、证券经纪人、工厂主管、业务经理等。

（3）ISFJ型：内倾 / 感觉 / 情感 / 判断。

基本特征：谨慎、沉静、友善，责任感强。敢于承担责任，做事有始有终，不辞劳苦、精益求精。待人忠诚，为他人着想，关心他人的内心感受。喜欢有秩序、和谐友善的工作和家庭环境。

可能存在的盲点：过于注重实际，不能够用发展的眼光全面综合地看问题，可以调整一下看问题的角度，设想更多的可能性。过于追求细微具体的事物，容易劳累过度；过于执着于按计划行事，对于预料之外的事情感到措手不及。

适合的领域：医护、服务等。

适合的职业：营养师、外科医生、牙医、护士、幼儿园 / 小学教师、社会工作者、园艺师、行政管理人员、手机电脑维修师、客服人员等。

（4）ESFJ型：外倾 / 感觉 / 情感 / 判断。

基本特征：尽心尽责，乐于合作。喜欢和谐温馨的工作环境，和他人一起高效地完成任务。能够敏锐地感受到别人的需要并提供帮助，希望得到他人的认可和赞赏。

可能存在的盲点：抗压能力较弱，会逃避棘手或困难的事物，需要加强处理问题的勇气和信心，学会直面问题。在被他人忽视时，可能会变得消沉和郁闷。

适合的领域：领域特征不明显。

适合的职业：行政秘书、总经理助理、客服人员、医生、护士、康复治疗师、营养师、医药代表、人力资源顾问、银行业务员、销售经理等。

（5）ISFP型：内倾/感觉/情感/知觉。

基本特征：沉静、友善、敏感、仁慈。对周围的人、事、物抱有欣赏的态度，喜欢个人独处的空间，能够很好地管理和支配个人时间，忠于个人价值观，忠于自己所重视的人，不喜欢辩论和冲突，性格温和、柔顺，不会强迫他人接受自己的观念或价值观。

可能存在的盲点：对人和事物较敏感，能够感受到他人的需要。有时因过于专注工作而忽视自己。对他人的批评较敏感，会因此生气或气馁。

适合的领域：艺术、医护、商业、服务业等。

适合的职业：服装设计师、园艺设计师、装潢师、漫画家、舞蹈家、画家、运动健康教练、职业病理专业人员、厨师、行政人员、旅游销售经理等。

（6）ESFP型：外倾/感觉/情感/知觉。

基本特征：开朗、外向、包容、友善。热爱生活，热爱他人，热爱物质享受。喜欢与他人合作，工作上讲究常识、实际，能让工作富有乐趣。喜欢灵活、即兴的生活方式，自然不做作，能够很快适应新环境、新朋友，可以与别人一起获得更佳的学习工作效果。

可能存在的盲点：过于注重享受和体验生活的物质感受，对工作和学习可能不那么尽职尽责。喜欢交际的特点可能让人觉得"多管闲事"。容易被外界干扰，容易分散注意力。过于相信个人体验感受，排斥客观现实，做决定时，一般不考虑后果。

适合的领域：消费、服务、广告、娱乐、旅游、社区服务等。

适合的职业：公关交际、保险代理、经纪人、团队培训师、商品规划师、戏剧表演家、调解协调人、社会工作者等。

（7）ISTP型：内倾/感觉/思考/知觉。

基本特征：冷静，忍耐性强，有弹性。能够迅速地处理问题，找出可行性方法。分析逻辑性强，能够从繁杂的事物中找出问题的重点。注重前因后果，能够以理性的态度把事实组织起来，重视效率。

可能存在的盲点：独裁独断，不喜欢跟他人分享自己的反应、情感和担忧。过于追求冒险和刺激，也会变得鲁莽、轻率，而且容易厌烦。

适合的领域：金融业、贸易、商业领域、户外运动、技术、艺术等。

适合的职业：经济学者、管理顾问、银行职员、证券分析师、电子专业人员、技术培训人员、软件信息开发人员等。

（8）ESTP型：外倾/感觉/思考/知觉。

基本特征：忍耐性强，有弹性，讲求实际，注重实际成效。对理论和抽象的解释感到无趣，喜欢积极采取行动解决问题。注重当下，自然不做作。喜欢物质享受和时尚，享受和他人共处的时刻。通常是通过亲身感受和练习来学习新事物。

可能存在的盲点：常因为承诺太多，而无法履行诺言。力求真实可能会忽视他人情绪，变得迟钝。

适合的领域：娱乐、体育、艺术、商业贸易、金融经济等。

适合的职业：艺术家、记者、理财专家、证券经纪人、银行职员、预算分析师、技术培训员、经销商等。

（9）INFJ 型：内倾／直觉／情感／判断。

基本特征：喜欢钻研、探索，寻找事物背后的价值意义。有很强的洞察力、感知能力，坚持个人价值观，有责任心，希望有一个清晰的理念以谋取更多的利益。能够有目标、有计划地去实践个人理念。

可能存在的盲点：不注重实际，会忽视生活中的细节。过于坚守个人原则和信念，不知变通，没有远见。对批评过度敏感，当矛盾升级时，可能会感到失望和绝望。

适合的领域：心理咨询、教育等。

适合的职业：职业咨询顾问、心理学家、教育行业专家等。

（10）ENFJ 型：外倾／直觉／情感／判断。

基本特征：温和，富有同情心，反应敏捷，有责任感。能够及时看到别人的需求、情绪和动机，善于挖掘他人潜能，并帮助他人实现。善于发现他人的潜能，并希望能帮助他们成长和实现。对他人的赞美和批评能够做出积极回应。爱好社交、为人友善，在团体中总能够惠及他人，鼓舞他人。

可能存在的盲点：过于看重感情，可能会陷于别人的问题或情感中。当事与愿违时，会感到失落、失望或绝望。乐于接受表扬，对于批评会表现得脆弱、慌乱和伤心，甚至会失去理性。

适合的领域：咨询、教育、培训、新闻传播、公共关系、文化艺术等。

适合的职业：心理咨询工作者、大学教师（人文社科类）、教育学者、撰稿人、节目主持人（新闻、采访类）、作家、记者、公共关系专家、文艺工作者等。

（11）INTJ 型：内倾／直觉／思考／判断。

基本特征：具有非凡的创意大脑，并能够积极主动地去实践和达到目标。能够快速掌握事情发展的规律，找到长远的发展方向。一旦确立目标，便能够实施计划并有条不紊地完成。具有批判精神，对自己和他人的要求都非常高。

可能存在的盲点：对自己和他人设定高标准，期望过多、过高。不在乎高标准是否会影响到他人，只注重自己的感受。希望他人接受自己的观念，但不愿听取别人的意见和建议。

适合的领域：科研、信息技术开发、金融、投资、创造性行业等。

适合的职业：科学家、研究学者、设计工程师、技术顾问、法律顾问、投资专家、经济学家、发明家、建筑师、设计师等。

（12）ENTJ 型：外倾／直觉／思考／判断。

基本特征：坦诚、果断，具有精神领袖气质。很容易发现事物的内在规律，并及时阻止不合理事态和低效能，有效、全面地解决问题。善于制订长远的目标规划，见多识广、博览群书，知识面广且乐于分享。有自己的看法和强有力的主张，并能够说服他人。

可能存在的盲点：急于做出决策，容易粗心直率。无耐心、不敏感、不妥协，让人难以靠近。看待人、事、物过于客观，忽略情感体会。

适合的领域：商界、投资、金融、政界等。

适合的职业：各类企业高管、总经理、风险投资家、股票经纪人、企业管理顾问、项目顾问、律师、法官、知识产权专家、大学教师、科技专家、国际销售经理、程序设计员、环保工程师等。

（13）INFP型：内倾/直觉/情感/知觉。

基本特征：理想主义者，忠于自己的价值观及自己重视的人。好奇心强，能看到事情的可能性，并能对理论进行实践。能够了解和协助别人挖掘发展潜能。适应能力强，生活有弹性。在价值观一致的情况下，能够包容他人。

可能存在的盲点：缺乏逻辑性思考，偶尔会犯错。会用高标准要求自己，在达不到要求时，往往会产生挫败感。可以尝试更客观地看待事物，从而增强内心的承受力。

适合的领域：研究、教育、咨询、艺术、创造性行业等。

适合的职业：社会科学工作者、大学教师（人文艺术类）、心理学工作者、社科类研究人员、心理辅导咨询师、社会工作者、各类艺术家、艺术指导、记者、小说家、文学编辑、设计师等。

（14）ENFP型：外倾/直觉/情感/知觉。

基本特征：热情开朗，富有想象力。热爱生活，认为生活充满无限可能性。思维灵活，能够看出事物的关联性。自信，喜欢得到他人的肯定，乐于欣赏和支持别人。灵活、自然、不做作，有很强的即兴演说能力，语言表达能力很强。

可能存在的盲点：很难长时间专注于一件事，不善于做决定，往往缺少完成任务的自制力。

适合的领域：未有明显的限定领域。

适合的职业：幼儿教师、大学老师（人文类）、心理工作者、咨询人员、职业规划顾问、社会工作者、培训师、演说家、记者、节目主持人、专栏作家、设计师、电影/电视制片人、营销经理、广告客户经理、宣传人员、广告撰稿人等。

（15）INTP型：内倾/直觉/思考/知觉。

基本特征：沉静、满足、有弹性，适应力强。对于任何感兴趣的事物都会追根究底，喜欢理论和抽象的事情，不善社交。在感兴趣的领域中，能够有非凡的意志力去专注和深入。具有批判精神，逻辑分析能力强。

可能存在的盲点：过于关注自己，很容易忽视别人的感受。对自己认为不符合逻辑的事情，很难坚持。善于发现事物的缺陷，却难以表达，对常规的细节没有耐心。

适合的领域：计算机技术、专业学术、创造性行业等。

适合的职业：计算机软件开发人员、计算机程序员、数据库管理员、系统分析师、科研机构人员、经济学家、考古学家、历史学家、法律顾问、律师、各类发明家、作家、设计师、音乐家、艺术鉴赏家等。

（16）ENTP型：外倾／直觉／思考／知觉。

基本特征：思维敏捷、睿智、警觉性高，勇于直言。能够灵活地应付富有挑战性的问题，善于发现理论上的可行性，并用战略的眼光分析。善于洞察人、事、物，从而高效地和他人合作。不喜欢按部就班地工作，对同一件事喜欢用不同的方法去完成，喜欢接触新鲜事物。

可能存在的盲点：对新鲜事物的热情追求，可能会因为准备不足而导致失败。可以尝试放弃过多的执着追求，专注并深入重要的事情中，避免自大而粗鲁。

适合的领域：投资、项目策划、自主创业、市场营销、创造性行业、公共关系等。

适合的职业：投资顾问（贸易、金融、房地产等）、各类项目的策划人或发起人、企业业主、市场营销专员、广告创意人员、公共关系专家、政治家等。

尽管某些职业可能吸引大量的某些类型的人，但是没有证据表明16种类型中的任何一种不能从事或不适合任何一种工作。大学生可以用性格类型去理解和原谅自己，但不能以它作为自己做或不做任何事情的借口。不要让性格类型左右你考虑选择任何事业、活动或人际关系。性格中的态度和行为倾向可以发生改变，但那是一个"能量消耗"的过程。

了解个人的职业性格与职位的更佳匹配，可以使自己成为更为高效的工作者，创造更大的社会价值和个人价值。这样，可以每天都以昂扬的积极态度去工作，并且乐在其中。

思 考 与 练 习

找2～3位与你关系较好的朋友一起做这个游戏。每个人拿出一张白纸，分别用10分钟的时间写出每道题的20个形容词：

①我是 ＿＿＿＿＿（如：开朗、活泼、好动、沉思、安静、懒散、多愁善感、心灵手巧、乐于助人……）的人。

②他是 ＿＿＿＿＿（如：开朗、活泼、好动、沉思、安静、懒散、多愁善感、心灵手巧、乐于助人……）的人。

③最后，互相交换你们所写的内容，看一看自己对自己的认识与他人对自己的认识有什么异同，并写下你在这个游戏过程中的感想与体会。

第4章 技能探索

CHAPTER 04

案例导入

　　2008级双惟学子李鹏飞在他"双惟"生涯的第十年，回到母校江西中医药大学与大家分享他的心得。

　　"首先感谢母校江西中医药大学、广州中医药大学和牛津大学对我的培养，特别感谢'双惟实践班'的栽培。我将这十年分为前五年与双惟组织密切相处的本科双惟时代，后五年毕业离开双惟组织的'后双惟'时代。

　　五年的本科生活，用我们最爱的电视剧《士兵突击》的一句话概括为：光荣在于平淡，艰巨在于漫长，我就是在平淡而又漫长的积累中无形蜕变的。我来自赣南的一个小山村，五岁才学会说话，入学时自我介绍都磕磕巴巴，有时候和女生说话都会脸红。就这样，我加入了'双惟实践班'，在这里过了人生的第一个生日，非常感动，非常感激。加入'双惟实践班'后，我和大家一样，迎着晨曦奔跑，在周末活动中培养综合素质，在中医摇篮班提高临床技能。前五年，我进步了，顺利考入了广州中医药大学。

　　来到了广州，这个大都市的繁华让我觉得自己非常渺小。当时面临几个困境，我不知该怎么办，是'双惟'理念指导了我。我加入研究生会，积极参加活动，还找到了余生另一半。站在新媒体的风口，我带领团队，创办了广州中医药大学研究生会微信平台。目前，这个微信平台已成为广州中医药大学考研学子的旗帜。

　　没有基础就从零起点开始，从自学如何查文献到写论文、写课题，再到写好论文和课题后主动请前辈修改。坚持英文文献学习，学好英语就多掌握一个工具，方便与国外同行交流。不懂的领域，主动发邮件，邀请其他高校老师交流想法。在读博二的时候，我们用同样的方法联系到了牛津大学。值得一提的是，我是这个课题组40多年来第一个中国学生。后五年，我又进步了：获得硕士和博士的国家奖学金、新南方学生综合优秀奖、三项国家专利，并在各种级别的会议上发言，博士就读期间发表学术论文27篇……

　　我现在深深地体会到'双惟实践班'倡导的多学科学习是多么明智，通过不同交叉学科的视角看世界，可以更加全方位和立体地认识世界，也可以激发很多灵感和创新点。我现在所做的科研课题都得益于交叉学科的启迪，结果令人鼓舞。"（节选自：《双惟新路》，中国中医药出版社，2020年12月出版，第186-190页）

启示 没有人的职业技能是与生俱来的，都需要通过后天的探索和学习获得。在大学就读期间，每一位大学生都应积极进行自我技能探索，对自己大学期间需要重点培养和发展的技能有更清晰的了解，为未来的职业发展打下良好的基础。

4.1 能力的分类

著名心理学家罗圭斯特和戴维斯提出了"明尼苏达工作适应论"。简单来说，就是只有当工作环境能满足个人的需求（内在满意），个人也能满足工作的要求（外在满意）时，个人在该工作领域才能得到持久发展。

能力按照其获得方式（先天具有与后天培养），可以分为"能力倾向"和"技能"两大类。在现实生活中，个人的能力水平往往是能力倾向和技能两方面的结果。

能力倾向（Aptitude）是指每个人天生的特殊才能，如音乐、运动能力等。它是与生俱来的，不过也有可能因未被开发而荒废。因此，这是一种潜能。

技能（Skill）则是指经过后天学习和练习培养而形成的能力，如语言表达能力、阅读能力、人际交往能力等。在个人成长的过程中，从什么也不会的小婴儿成长为完全可以自理生活，从咿呀说话、蹒跚学步的孩童到能够看、听、说、跑、写字、阅读的成年人，我们每一个人在成长中都学会了无数的技能。

4.1.1 能力倾向的分类：多元智能理论

多元智能理论是加德纳于1983年提出的，并在之后多次加以发展。该理论认为，智能是解决某一问题或创造某种产品的能力，而这一问题或这种产品在某一特定文化或特定环境中是被认为有价值的。

❶ 智能是多元的

就基本结构来说，智能是多元的，每个人身上至少存在七项智能，即语言智能、数理逻辑智能、空间智能、音乐智能、身体运动智能、人际交往智能、自我认识智能。智能的分类并不局限于这七项，随着研究的深入，会鉴别出更多的智能类型或者对原有智能分类加以修改，如加德纳于1996年提出了第八种智能——自然观察智能。

多元智能中的各种智能内涵如下。

（1）语言智能：指人对语言的掌握和灵活运用的能力，表现为用词语思考，用语言和词语的多种不同方式来表达复杂意义。

（2）数理逻辑智能：指人对逻辑结果关系的理解推理思维表达能力，突出特征为用逻辑方法解决问题，有对数字和抽象模式的理解力，认识解决问题的应用推理。

（3）空间智能：指人对色彩、形状空间位置的正确感受和表达能力，突出特征为对视觉世界有准确的感知，产生思维图像，有三维空间的思维能力，能辨别感知空间物体之间的联系。

（4）音乐智能：指人的感受、辨别、记忆、表达音乐的能力，突出特征为对环境中的非言语声音，包括韵律和曲调、节奏、音高音质的敏感。

（5）身体运动智能：指人的身体的协调、平衡能力和运动的力量、速度、灵活性等，突出特征为利用身体交流和解决问题，熟练地进行物体操作并需要良好动作技能的活动。

（6）人际交往智能：指对他人的表情、话语、手势动作的敏感程度以及对此做出有效反应的能力，表现为个人能觉察体验他人的情绪情感并做出适当的反应。

（7）自我认识智能：指个体认识、洞察和反省自身的能力，突出特征为对自己的感觉和情绪敏感，了解自己的优缺点，用自己的知识来引导决策、设定目标。

（8）自然观察智能：指的是观察自然的各种形态，对物体进行辨认和分类，能够洞察自然或人造系统的能力。

❷ 完成任务需要多种智能组合

即使听起来很简单的一件事，如拉小提琴，也并非单纯依靠音乐智能来完成。成为一名优秀的小提琴家，除了音乐智能外，还需要身体运动的高难度技巧。而且，还需要人际交往智能以便和听众沟通，或者还需要自我认识智能。再比如，舞蹈也是需要不同程度的身体运动智能、音乐智能、人际交往智能和空间智能的。几乎所有人，都需要具备多种智能。

一个人可能在任何一种智能上都没有特殊的天赋，但如果所拥有的各种智能被巧妙地组合在一起，那么他在担任某一个角色时会很出色。因此，我们必须在有效评估自己智能的特定组合的基础上，才能找出什么是更适合自己的职业。

4.1.2　技能分类

"我有良好的职业技能，我能胜任这项工作。"此类语句是毕业生在简历和面试中经常使用的，用来说服用人单位给自己工作机会。

心理学家理查德·博尔斯提出将技能分成知识技能、自我管理技能及可迁移技能这三类。

❶ 知识技能

知识技能是指那些需要通过学习才能获得的，与个体学习的专业和课程相关的专门技能。一般用名词来表示，如中医学、哲学、心理学等。这项技能必须经过有意识的专门培养才能掌握，具有不可迁移性。

表4-1所示是部分知识技能词汇。

表4-1 部分知识技能词汇表

发动机	飞机	农业	管理	城市	外语	仪器	数学	艺术	运动
原子	小说	戏剧	航空	工程学	老年病学	麻醉药	过敏性反应	哲学	农用机械
航天学	药学	中药学	中医学	经济学	幼师教育	历史	心理		

❷ 自我管理技能

自我管理技能是说明某人具有的某些特征，这是一种个性品质，它涉及个体在不同的环境下如何管理自我，它以形容词和副词的形式出现，如谦虚、耐心、坦诚、负责、热情等。这项技能并不能通过专门的课程学习而获得，需要在日常生活中随时随地培养，这项技能可以从非工作领域转换到工作领域。

表4-2所示的是部分自我管理技能词汇。

表4-2 部分自我管理技能词汇表

自信	耐心	慎重	真诚	热情	高效	冷静
周详	客观	有创意	有激情	有远见	有抱负	有条理
有想象力	想象力丰富	善于观察	坚忍不拔	足智多谋	精力旺盛	头脑开放

❸ 可迁移技能

可迁移技能是职业生涯中除专业能力之外的基本能力。通俗来说，就是一个人会做的事。一般用行为动词来表达，如计算、设计、搜索、分析、统计等。可迁移技能又被称为通用技能，可以从一份工作转移运用到另一份工作中的、可以用来完成许多类型工作的技能，它也是个人能持续运用和依靠的技能。

拓展阅读

表4-3所示的是部分可迁移技能词汇。

表4-3　部分可迁移技能词汇表

交流表达能力	组织管理能力	计算统计能力	研究设计能力	收集和分析数据能力
人际交往能力	认知策略能力	抽象思维能力	计划能力	指挥顾问的能力

事实上，知识技能的运用都是在可迁移技能的基础之上的，它们的关系如图4-1所示。与知识技能相比，可迁移技能无所谓更新换代，随着我们工作经验和生活阅历的增加，可迁移技能会得到不断的发展，可迁移技能可以使大学生具有更广泛的职业适应性和职业竞争力。

知识技能

可迁移技能

图4-1　知识技能与可迁移技能的关系

4.2　中医药行业用人单位对毕业生的技能要求

许多企业在招聘时不仅要看毕业生的学习成绩，更重视其职业技能。尽管绝大多数毕业生从来没有从事过这项工作，但只要具备了这个岗位所要求的各项技能，他们就可以证明自己能胜任该项工作。

　　麦可思研究院发布的《2019年中国本科生就业报告》，对2016~2018届大学毕业生毕业时掌握的基本工作能力水平和工作岗位要求达到的水平进行了分析，统计结果显示：无论是本科毕业生还是高职高专毕业生，其毕业时对基本工作能力掌握的水平均低于工作岗位要求的水平。

　　事实上，如果毕业生选择了做自己力所不能及的工作，就很容易感到焦虑和迷茫，甚至产生挫败感；如果毕业生拥有的能力与岗位要求相匹配，则很容易在工作中获得满足感和成就感。因此，每一位大学生都应提前了解职业技能要求，做到知己知彼、百战不殆。

拓展阅读

　　以下为某中医药大学2020年度的就业质量报告。

　　为全面反映毕业生的就业状况，建立起就业与人才培养良性互动的长效机制，某中医药大学编制并正式发布了《某中医药大学2020届毕业生就业质量年度报告》。该报告的数据显示：用人单位认为毕业生职业能力"非常好"占比为41.23%，"比较好"占比为54.50%；用人单位认为毕业生职业发展"非常有潜力"的占比为43.13%。同时，用人单位认为，学校人才培养应重点加强"专业知识的传授"（占比为20.76%）、"职业素质的培养"（占比为16.16%）、"交际能力的培养"（占比为13.31%）等。

　　多项调研数据显示，中医药行业用人单位在招聘毕业生时比较重视以下技能。

　　（1）学习能力：能够长期持续地、积极地从自己和他人的成败经验中总结学习的能力，也是一个人学习的动力、毅力和能力的综合体现。

　　（2）沟通影响力：个体在事实、情感、价值取向和意见观点等方面采用有效的方法与对方沟通和交流的能力。

　　（3）分析能力：面对复杂困难的环境能进行准确客观评估的能力，比如在面对突发、危急状况时能快速清晰地做出判断，并按照紧急性和重要性的原则妥善地处理问题。

　　（4）团队协作能力：建立在团队的基础上，发挥团队精神，互补互助，为达到既定目标所显示出来的自愿协作和协同努力精神的能力。

　　（5）创新能力：在各种实践活动领域中不断提供具有经济价值、社会价值、生态价值的新思想、新理论、新方法和新发明的能力。通常打破思维定式，不断寻求新的解决方法。

　　此外，毕业生的积极主动、诚实正直、道德高尚等自我管理技能，也备受用人单位的青睐。

4.3　发现自己的技能

（1）课堂活动：夸夸我自己。

请大家用5分钟时间，在纸上尽可能多地写下自己所拥有的技能。与你的同伴分享，看看谁写得最多，大家写的一样吗？有什么不同？它们分别属于哪些类型的技能？

（2）课堂活动：知识技能的探索。

①你在学校的课程中学到了哪些知识技能？

②你从爱好、娱乐休闲、社团活动、家庭职责中学到了哪些知识技能？

③你目前尚不具备但希望拥有的知识技能有哪些？

（3）课堂活动：他人眼中的我。

通过他人对自己的反馈是了解自己的一个有效方式。如果让你身边的同学用5个词来形容你，他们会用哪5个词？

（4）课堂活动：撰写"成就故事"。

撰写成就故事，是大学生进行技能探索的重要路径。什么是成就？一般认为，只要符合以下两条标准，就可以被视为"成就"：一是你喜欢做这件事情；二是你为完成它所带来的结果感到自豪。请大家回忆近几年来自己做过的、自认为是比较成功的事件（可以是有重大意义的事件，也可以是非常平凡的小事；可以是学习方面的，也可以是日常生活中发生的）。

①撰写你的成就故事（包括以下要素：当时的形势、面临的任务、采取的行动、取得的结果等）。

②通过撰写成就故事找到你擅长的技能。

（5）课堂案例讨论：坚持的力量。

2014级"双惟实践班"学子刘鹏在某次演讲时谈到坚持的力量，以下是演讲的部分内容：

"我怀着满腔的热情想加入部门锻炼自己，但结果却差强人意——面试的时候，我不敢看向评委的眼睛，说话磕磕巴巴，肢体动作僵硬，最后4个部门只录取了1个，而我的室友都很顺利通过了面试，这让我感到很没面子，我在内心不断追问自己难道就这么差吗？

加入'双惟'班后，为了锻炼自己的表达能力，我坚持每次'晨播报'时出来发言，每次周末活动报名演讲。3年来，我清楚地记得自己在'晨播报'时发言219次，上台演讲23次。大一下学期，我参加'双惟'班委竞选。那是我第一次穿着正装站上神曲厅的舞台进行演讲。队友描述当时的我是妙语连珠，这次我成功竞选上了。由于交流能力的提升，毕业前我顺利通过了研究生的面试。

我的坚持在书法中也得到了体现。一开始我的字并不是很好，尽管我从高二开始练字，参加了两次高中的书法比赛，但都没有获奖。刚进大学时，我最想做的一件事就是把字练好，于是我加入了书法协会。再忙我也会抽出时间练字，每周的笔会我从不缺席，每次周末活动的黑板报也没有缺席。许多'双惟'队友见证了我的进步和成长。到换黑板报时，队友们都舍不得擦去我做的黑板报。大一暑假，为了能够竞选会长一职，我更是夜以继日地练习，从早上5：30到晚上22：30，坚持一百多天没有中断，书法水平也快速提升。工夫没有白费，我成功当选了会长，并带领协会获得江西省大学生优秀书法社团的称号，这是协会第一次获得这个荣誉，实现了协会这么多年零的突破；我个人还获得了江西省大学生书法大赛二等奖。我还带领协会成员在学校组织开展了师生书画展。即使到了考研的冲刺阶段，每天写字也成了我的解压方式。"

（节选自《双惟新路》，中国中医药出版社，2020年12月第1版，第206-210页）

我们可以把以上案例看成一个简单的成就故事。请大家思考一下，以上故事中涉及到哪些技能。

如何在大学期间充分发展自己的职业技能，是每一位大学生需要重视的问题。请大家结合自己未来的职业发展，对本校的往届毕业生进行"职业生涯人物访谈"（向实际从事某一职业的人了解该职业的技能要求），并完成以下练习。

①我从"职业生涯人物访谈"所收集到的有关职业技能要求的信息有哪些？

②大学期间我还需要提升哪些方面的技能？

③我将通过参加哪些课程、社团或实践（实训）活动来开发自己的技能？请每个小组分别发言，给出具有建设性的建议。

CHAPTER 05

第5章 价值观探索

案例导入

　　小孙是湖北某人民医院的"90后"呼吸科临床医生。他工作勤勤恳恳、尽职尽责，以医院为家，以挚爱的事业为己任，不管上班还是下班，只要临床科室有任务，他任劳任怨，都会加班加点完成。

　　2020年春节，一场突如其来的疫情防控阻击战在中华大地骤然打响！面对来势汹汹的新冠肺炎疫情，作为"逆行主力军"，他怀着对群众的满腔热忱，本着对本职工作的责任担当，坚守一线，用自己的实际行动和其他医务工作者一起为人民群众筑起了一道道"健康防线"。

　　在疫情防控面前，小孙同志是无畏无惧的"逆行者"。抗击疫情，是一场没有硝烟的战场。虽然身为医务工作者，但他同样也是父母最牵挂的儿子，是家里的顶梁柱，是刚满一周岁的"小棉袄"最亲密的父亲，是岳父岳母家的"主心骨"。面对疫情，他毅然舍小家、顾大家。虽然知道自己也是血肉之躯，也存在很大的被感染的风险，但他更清醒地明白，作为一名医务工作者，必须时刻冲锋在前、不惧危险、不怕牺牲。

　　天有不测风云，2020年3月12日，其岳母突发急病，在医院进行了抢救治疗，但由于病情严重，于3月14日不幸离世。为了更好地完成疫情防控工作，小孙同志在其岳母住院治疗期间未曾看望过一次。他深感愧疚，不知该如何向妻子解释，只能躲在没人的地方流泪，向自己家的方向深深地鞠躬致歉。由于妻子并无其他兄弟，按照习俗本应回去帮忙安排后事，但面对当时境外疫情防控的严峻形势，强烈的责任感和使命感让他深刻地意识到，疫情防控重于泰山，他必须以工作为重，丝毫不能懈怠，最后选择继续奋战在疫情防控第一线，和同事们一起扛起抗击疫情防控的重担。

5.1 价值观的内涵

　　每个人都有自己的价值取向，即价值观，而这种价值取向往往是每个个体基于对自己的了解，并在适应社会环境中逐渐形成的。它会在我们的工作生活中表现出来，比如对事物的选择、与他人的相处和沟通方式等。这些最终都会影响我们的生活和个人的发展。对于一个初入大学的大学生而言，有必要学会认识自己的价值观。

5.1.1 价值观的概念

价值观是指一个人对周围客观事物（人、事、物）的意义及重要性的总的看法和评价。它是每个个体基于自己的思维感官之上，反馈出的对事物的认知、理解、判断或抉择。通俗来说，也就是人对于所认定的事物以及辨别是非的一种思维或取向。

对于价值观，不同的研究角度对其有不同的定义。在心理学上，价值观是人们对社会存在的反映，决定一个人对道德、科学、艺术等各方面的信念和原则，它处于人思想意识的核心地位。在哲学上，价值观是主体对客体属性的系统化观念，但是由于价值评价的标准存在差异，因此个体体现出的价值观也有差异。在思想政治教育学上，人们认为价值观是一个人处理价值问题所持有的立场和态度的总和。

5.1.2 价值观的特性

❶ 价值观具有稳定性和持久性

价值观的稳定性和持久性是相对的，一般在特定的时间、地点、条件下表现出来。比如，每个个体对某种人或事物的好坏都有一个观念判断，并且在条件不变的情况下，这种看法不会改变。

❷ 价值观具有历史性与选择性

人的价值观会因为时代的不同、社会生活环境的不同而变化。价值观是人从出生开始，基于一定的家庭和社会环境的影响而逐步形成的。当然，随着社会环境和个人发展的变化，价值观也会随之变化。比如一个人所处的社会生产方式及其所处的经济地位，甚至是身边的亲朋好友、媒体宣传、舆论导向等，对其价值观的形成都有决定性的影响。

❸ 价值观具有主、客观性

在主观性方面，每个个体体现的价值观首先都是用以区分好与坏的标准，这些也是每个人根据自己内心的尺度标准进行衡量和评价的，这些标准都可以被称为价值观。在客观性方面，对于每个个体而言，其价值是需要和创造统一的，都应该体现在对国家、社会做出贡献方面，最终目标都是为社会创造财富和价值。

5.1.3 价值观的作用

价值观可以影响人们的动机导向，同时也影响人们的行为。在行为方面，主要表现为受到价值观的支配和制约。在同样的客观条件下，因为每个个体价值观的差异，其动机也有差异性，因此具有不同价值观的人，其动机模式不同，产生的行为也不相同。在行为表现方面，因受价值观的支配，每个个体只会做那些经过价值判断，且被认为是可取的事情。价值观可以反映人们的认知和需求状况，它也是人们对客观世界及行为结果的评价和看法，因而，它从某个方面反映了人们的人生观和价值观。

总之，价值观作为人们考虑问题时看重的原则和标准，是人们的内在驱动力，在个人发展过程中可起到至关重要的作用。对于大学生而言，价值观在个人的职业生涯发展中也可起到极其重要的作用，甚至可能超过兴趣和性格对个人的影响。大学生越是了解自己的价值观，越清楚自己在未来的生活中希望得到什么，做什么对自己有意义、有价值，那么，他在大学生活里就会成为典型的、具有明晰目标且充满奋斗激情的人。

5.2　职业价值观

职业价值观指人生目标和人生态度在职业选择方面的具体表现，是一个人对职业的认识和态度，以及他对职业目标的追求和向往（包括对职业的认知、选择、评价以及道德等不同层面产生的看法），是人生价值观在职业问题上的反映，它展现了人们在对待职业方面所具有的态度和理念。

5.2.1　职业价值观的属性

职业价值观具有以下属性。

❶ 职业价值观具有主观性

职业价值观具有主观性，主要是指个体按照自己的意愿、理解和判断选择职业，而且职业价值观是每个人内心的真实需求和个性倾向。人的需求是主观的，所以，在每个人身上表现出的职业价值观也具有一定的主观性。人们的职业价值观往往会随着个体需求的改变而改变。此外，人的行为也会受到职业价值观的影响，进而影响其对职业的选择。而这些都是职业价值观主观能动性的体现。

❷ 职业价值观具有多样性

因为个体需求不同，人们在思想意识方面常常存在多样性。即便是一个相同的需求，在层次、稳定性和强度方面可能也会有所不同。当前，随着社会的发展变革，人们对于社会的需求在不断增加，职业种类也在不断丰富，且更具特色，由此产生的职业价值观也表现得更具多样化。

❸ 职业价值观具有阶段性

职业价值观的阶段性体现在其形成和发展呈阶段性，职业价值观的形成不是一朝一夕的，是需要时间积累的，且其形成后具有一定的持久性，但这种持久性不是一成不变的，时代的变迁、环境的变化、人的成长、阅历的丰富等都会影响职业价值观的变化。当发生重大事件或变故时，我们的职业价值观就会很容易发生突变。

❹ 职业价值观具有可塑性

人的一切思想意识都是大脑对客观事物的反映，它的形成总是遵循由感性认知、实践检验，到理性认知、实践检验，这一不断往复、循环推进的过程。每个人都可以通过不断学习来获取更高层次的知识，塑造新的价值观。

5.2.2　价值观与职业生涯的关系

对个人而言，一个人的价值观在其职业生涯中会对生活方式、工作角色的选择等产生很大影响。在选择职业的时候，很多人会尝试去了解自己，问自己到底是不是喜欢这份工作、想要从这份工作中得到什么、选择怎样的职业才可以真正最大化地实现自我价值，或者说到底如何选择职业才会让自己心情舒畅，让自己对该职业产生兴趣和积极性，最终获得个人成就感。

对很多企业而言，其发展归根结底是人才的竞争及人才优势的形成。各企业会充分利用自己的资源优势和管理体系，不断优化员工的职业生涯，帮助他们探索、塑造新的职业价值观。比如，有的企业会帮员工设计完美的职业生涯，认为这是企业收揽人才、培养人才的重要方法之一。通过高效的职业生涯设计，员工不断地成长，而这种成长对于员工而言，意味着他们自身能力、价值感的提升，以及工作满意度和忠诚度的提升。由此，他们的价值观也在这种职业环境中进一步重塑和完善。

总之，职业价值观是职业生涯规划的前提，也是个人对某项职业的期望和向往。树立正确的职业价值观，可以真正帮助一个人清楚地了解自己的价值取向，了解自己要通过职业追求什么样的理想，究竟是为了财富还是地位或其他。所以说，职业价值观在一个人的职业生涯发展中起着决定性、方向性的作用。

5.3　价值观的探索

在探索个人价值观的时候，我们可以借助一些小工具或小游戏来认识、澄清自己的价值观，从而为自己进行职业决策提供一定依据。以下是几种探索价值观的方法。

5.3.1　理想中的职业生活

请你想一想自己理想中的职业生活：做什么性质的工作？在什么地方工作？和什么样的人一起工作？每天工作多长时间？要具备什么技能？收入大约多少？请用150~200个字描述一下自己理想中的职业生活。

5.3.2 价值观省思

美国心理学家米尔顿·洛克奇（Milton Rokeach）在他1973年所著的《人类价值观的本质》（*The Nature of Human Values*）一书中提出了13种价值观。

（1）成就感：提升社会地位，得到他人和社会认同；对能完成工作感到满足。

（2）对美感的追求：能有机会多方面地欣赏周围的人、事、物，或任何自己觉得重要且有意义的事物。

（3）挑战：能有机会运用聪明才智来解决困难。舍弃传统的方法，而选择创新的方法处理事物。

（4）健康（包括身体和心理）：工作能够免于焦虑、紧张和恐惧；希望能够心平气和地处理事物。

（5）收入与财富：工作能够明显、有效地改变自己的财政状况。

（6）独立性：在工作中可以充分掌握自己的时间和行动，自由度高。

（7）爱、家庭、人际关系：关心他人，愿意与别人分享，能协助别人解决问题；体贴、关爱他人，对周围的人慷慨。

（8）道德感：与组织的目标、价值观和工作使命不相冲突，并紧密结合。

（9）欢乐：享受生命，结交朋友，与他人共处，一同享受美好时光。

（10）权力：能够影响或控制别人，使他人照着自己的意思去行动。

（11）安全感：能够远离突如其来的变动。

（12）自我成长：能够追求知识，寻求更圆满的人生，对智慧、知识与人生的体会有所提升。

（13）协助他人：体会到自己的付出对团体是有帮助的，别人因为你的行动而受惠许多。

针对以上13种价值观，可以分别问自己以下几个问题。

（1）我重视的价值观是什么？（按照 1 ~ 5 排序，重视程度依次递减，1 代表很重要，5 代表不重视）

①_____

②_____

③_____

④_____

⑤_____

（2）我所选择的这5个价值观是我一直都重视的吗？如果曾经有改变，是在什么时候？

_____

（3）有哪些价值观是我父母认为重要的，而我却并不这么认为的？有哪些价值观是我和父母共同拥有的？

_____

（4）价值观的改变是否曾经改变我安排生活的方式？

_____

（5）我理想的工作状态与我的价值观之间是否有关联？

_____

（6）是否因为谁说的某一句话或某件事，而对自己的价值观产生过怀疑？

_____

（7）以前我曾经崇拜过谁？他们目前对我有什么影响？

_____

（8）我的行为可以反映我的价值观吗？例如重视工作的变化、成长与突破的自己，会选择枯燥、一成不变的工作吗？我会在父母的期许下，选择自己不喜欢的专业吗？

_____

以上8点，是了解价值观的基础。这些问题并不简单，也不是短时间内能有完整答案的。价值观的澄清有助于我们找到自己的动力，让生命的活水源源不断，让人生变得充盈。

 小练习

在你的生命历程中，对你影响最深的事情有哪些？你最想做的事情是什么？完成下面 12个句子，便可以找到一些答案。

（1）如果我是个百万富翁，我会……

（2）我了解的最好的观念是……

（3）在这个世界上，我最想改变的一件事是……

（4）我一生中最想要的事物是……

（5）我在下面这种情况下表现最好……

（6）我最关心的事是……

（7）我幻想最多的事是……

（8）我的父母最希望我能……

（9）我生命中最大的喜悦是……

（10）我是怎样的人……

（11）熟知我的人认为我是……

（12）我相信……

价值观大拍卖

游戏规则：表5-1所示列出了要进行拍卖的项目，参与拍卖的每一样东西都有它的底价，可以预先进行设定，每位竞拍者有10 000元，每次出价以500元为单位进行竞拍，价高者可成交。

表5-1　价值观拍卖表

项目	价值观	预估价格	成交价格
做全世界最聪明的人	智慧		
有一颗使人说实话的药丸	道德		
有一帮志同道合的朋友	友情		
有个幸福的家庭	亲情		
可以环游世界，尽情享乐	愉悦		
有机会完全自主	自主		
成为富翁，有一屋子的钱	财富		
有机会成为国家领导	权力		
被班上每个人喜爱	认可		

续表

项目	价值观	预估价格	成交价格
每天都过得很快乐	快乐		
有机会成为世界500强的CEO	创业		
成为公认的帅哥/美女	审美		
有机会健康地活到100岁	健康		
成为某一领域的专家	知识		

1.游戏过程。

①通过自愿组合的方式组队,以5~6人为一组。

②拍卖第一件物品:底价为500元,价高者得。以此类推,依据表5-1中项目的排列顺序进行拍卖。

③记录每个人买到的东西,将同学的名字、买到的物品、所花的价钱一一写在表格中。

2.游戏之后要回答的问题。

①你竞拍下来的是什么?

②为什么选择竞拍这个价值观?

③哪一项是自己最想买的?并谈谈想买它的原因。

④在生活中最看重的是什么?

⑤影响自己做出这个选择的原因是什么?

⑥这些东西是否真的都能用钱买到?如果不能,应该怎么做才能获得?

CHAPTER 06

第6章　工作世界探索

案例导入

　　小王是某中医药大学药学专业大四学生，他比较喜欢自己的专业，但是不知道自己毕业后除了医药代表、药剂师等职业外还能从事哪些工作。此外，小王对这些相关职业的发展前景、专业技能要求等也不了解，他希望能得到老师的帮助。

　　面对社会、面对工作，小王出现这样的疑惑和担心是正常的。有效的解决办法是对工作世界进行学习探索与了解，主动把握个人职业生涯的发展。通过科学的方法进行工作世界的探索，能够更清晰、更明确地了解行业与职业，提前预测未来可能发生的变化，结合自己的特点做出合理的生涯决策，在社会中找到属于自己的工作。

6.1　认识工作世界

6.1.1　行业类型

　　行业类型是指国民经济中性质相同的生产或其他经济社会的经营单位或个体组织的结构体系划分，如制药业、制造业、银行业等。行业分类可以解释行业本身所处的发展阶段及其在国民经济中的地位。大学生在职业生涯规划中，要确定职业生涯目标，首先需要了解的就是选择的职业对应的行业类型是什么，以此进一步了解该行业的发展趋势与前景。

　　随着我国经济社会加速向高质量层面迈进，我国产业结构转型升级加快，新产业、新业态和新商业模式大量涌现，互联网、大数据、云计算等现代信息技术的发展迅猛，原有的《国民经济行业分类》已不能全面、深入、准确地展现我国新兴产业的发展，难以满足国家制定产业发展政策和行业管理的需要。在此背景下，2017年，国家统计局和中国标准化研究院联合修订了《国民经济行业分类》（GB/T 4754—2017，简称《分类》）。

本次修订首次将"土地管理业"作为独立的行业新增为行业大类，纳入"N 水利、环境和公共设施管理业"门类。修订后的国民经济行业门类仍保持20个；行业大类由96个增加至97个，即增加了"土地管理业"。自此，行类中的类由432个增加至473个，调整新增41个；行类小类由1094个增加至1380个，调整新增286个。

总的行业分类代码如下：A 农、林、牧、渔业；B 采矿业；C 制造业；D 电力、热力、燃气及水生产和供应业；E 建筑业；F 批发和零售业；G 交通运输、仓储和邮政业；H 住宿和餐饮业；I 信息传输、软件和信息技术服务业；J 金融业；K 房地产业；L 租赁和商务服务业；M 科学研究和技术服务业；N 水利、环境和公共设施管理业；O 居民服务、修理和其他服务业；P 教育；Q 卫生和社会工作；R 文化、体育和娱乐业；S 公共管理、社会保障和社会组织；T 国际组织。

扫描二维码，阅读2017年国民经济行业分类（GB/T 4754—2017）。

6.1.2　探索工作世界的方法与路径

❶ 按职业分类的方法探索工作世界

职业分类是指按照一定的规则、标准、原则把一般特征与本质特征相同或相似的社会职业，划分并归纳到一定类别系统中去的过程。

（1）按国家标准分类。《中华人民共和国职业分类大典》由人力资源和社会保障部会同国家质量监督检验检疫总局、国家统计局启动，经74个国务院部门和行业组织，近万名专家、学者、一线从业者、有关工作人员，历时5年，七易其稿，最终形成了《中华人民共和国职业分类大典（2015年版）》（以下简称《大典》）。《大典》的形成是基于科学的职业分类理论和方法，参照国际标准，吸收国际先进经验，充分考虑我国社会转型期社会分工的特点，按照以"工作性质相似性为主、技能水平相似性为辅"的分类原则，将我国职业分类体系调整为：8个大类、75个中类、434个小类、1481个职业，并列出了2670个工种，标注了127个绿色职业，在我国经济社会发展领域特别是人力资源开发领域具有重要的作用。

第一大类：党的机关、国家机关、群众团体和社会组织、企事业单位负责人，包括6个中类、15个小类、23个职业。

第二大类：专业技术人员，包括11个中类、120个小类、451个职业。

第三大类：办事人员和有关人员，包括3个中类、9个小类、25个职业。

第四大类：社会生产服务和生活服务人员，包括15个中类、93个小类、278个职业。

第五大类：农、林、牧、渔业生产及辅助人员，包括6个中类、24个小类、52个职业。

第六大类：生产制造及有关人员，包括32个中类、171个小类、650个职业。

第七大类：军人，包括个1个中类、1个小类、1个职业。

第八大类：不便分类的其他从业人员，包括1个中类、1个小类、1个职业。

拓展阅读

阅读《中华人民共和国职业分类大典（2015年版）》。

《大典》并不能体现所有职业。随着社会不断发展变化，会形成新的职业不断产生和旧的职业不断消失的局面。为适应和反映我国人力资源开发管理需求，促进劳动者就业创业，人力资源和社会保障部建立了新职业发布制度。2021年，人力资源和社会保障部会同国家市场监督管理总局、国家统计局向社会正式发布了企业合规师、公司金融顾问、调饮师、食品安全管理师、服务机器人应用技术员、电子数据取证分析师、职业培训师、密码技术应用员、酒体设计师等18个新职业信息。这是《中华人民共和国职业分类大典（2015年版）》颁布以来发布的第四批新职业。此次发布的新职业信息有以下特点。

（1）数字化技术发展催生出新职业。在数字经济发展迅猛的同时也催生了不少新的职业，比如电子数据取证分析师。电子数据取证作为一种全新的取证技术已广泛应用于刑事诉讼活动中，其相关服务也由司法机关逐渐延伸至其他行政执法部门和大型企事业单位。将"电子数据取证分析师"纳入职业分类目录中，有利于推进该职业向规范化、专业化发展。此外，"密码技术应用员"也纳入了职业分类目录中，密码服务扩展到物联网、智慧城市等多方面，呈现出智联智融的特征，催生出隐私保护、零信任、多方安全计算等新型密码技术，这将为数字经济的安全、融通、监管等方面保驾护航。

近年来，机器人产业发展迅猛，服务机器人已广泛应用于教育、娱乐、物流、安防巡检等领域。特别是新冠肺炎疫情发生后，服务机器人在医疗、餐饮等方面的应用迎来爆发式增长。"服务机器人应用技术员"直接负责服务机器人的需求反馈、应用与推广，是推动服务机器人产业发展的重要人才支撑。

（2）企业高质量发展孕育出新职业。近年来，国家大力推动经济高质量发展，提升企业国际竞争力是重要的方面，在规范企业投资经营行为、注重环境保护、履行社会责任、提高企业竞争软实力等企业合规建设方面的人才紧缺，因此"企业合规师"应运而生。企业合规管理是对企业法律、财务、审计、进出口、劳动环境、社会责任等多方面进行合规管理与控制，具有较强的综合性、独立性和技术性等特点。为改善企业国际贸易的发展条件，近年来，政府出台了一系列与企业合规管理相关的政策及指引，如《企业海外经营合规管理指引》《中央企业合规管理指引（试行）》等。

融资是企业经营发展的必要渠道，"公司金融顾问"的出现，较好地解决了"投融资信息不对称"等问题，更好地对接了金融机构和金融市场，培育出新的业务和商机。同时，银行等金融机构也能够通过"公司金融顾问"拓展业务范围，以此平抑经济周期波动带来的风险，更好地服务实体经济发展。

在现代信息技术高速发展时代，资源可以通过以物易物平台实现快速互通和对接，突破地域限制，实现自由对接，以此实现对剩余资产的有效整合，有力解决资金短缺、产品积压的问题。而专门从事这项工作的新职业叫作专业"易货师"，他们能熟练运用资源整合理论，促进产、供、销高效分配和优化资源，有效帮助企业解决产品迟销、滞销、停销等问题，目前易货企业急需这类人才。

（3）绿色生态发展理念与食品安全发展涌现出新职业。党的十九大报告提出"建立健全绿色低碳循环发展的经济体系"。2020年，生态环境部出台了《碳排放权交易管理办法（试行）》，"碳排放管理员"作为一个技术性、综合性较强的职业，不仅要熟悉国家政策和标准，还要掌握相关碳排放技术，以及做好碳排放规划、核算、核查和评估等工作。

食品安全关乎人民身体健康和生命安全，是重大的民生问题。近年来，民众对食品安全关注度不断提高，安全意识不断增强，市场监管部门在加强食品安全领域监管的同时，也在切实指导食品生产经营单位自主开展食品生产、流通、销售、服务等全流程安全控制的技术规范，"食品安全管理师"作为食品生产、餐饮服务和食品流通等活动中从事食品安全风险控制和管理的人员，未来会有巨大的市场需求。

（4）人民日益增长的美好生活需要派生出新职业。随着时代的发展，人们对生活质量的期盼越来越高，希望拥有更高质量的服务。二手车交易就是一个方面，因汽车更新换代带来大量二手车交易需求，交易方式呈现复杂化、多样化和专业化，流程涉及品牌认证、拍卖交易、委托交易及各种金融服务、质保等业务，从而催生出专业的"二手车经纪人"，通过他们专业化的交易服务，不仅保障了消费者的合法权益，还满足了公众对汽车的个性化需求。

随着生活节奏的明显加快，喝一杯奶茶休闲放松一下是很多人的习惯。饮品市场也由原先单一的茶叶、牛奶或酸奶等饮品，到近年来出现了将茶叶、奶、果蔬等融合开发出的新式可口健康饮品，广受群众特别是年轻人的喜爱。这其中，"调饮师"发挥了很重要的作用，这类职业的出现不仅有利于促进灵活就业，还可带动茶叶、奶类及果蔬等产业的发展。

（2）按职业指导分类。职业指导是一个涉及面广泛、意义重大的领域，从对人们进行职业指导工作的角度来说，有着若干种职业分类方法，而且这些分类与心理学对"人"的划分紧密联系。职业指导领域的职业分类方法主要有以下3种。

①霍兰德分类法。这一方法把职业分为实用型、研究型、企业型、常规型、艺术型和社会型六大类。这是一种非常重要且应用极为普遍的分类法。

②教育学科分类法。这一方法把专业大类分为人文科学、社会科学、理科、工科农学、医科、家政、教育、艺术、体育九种，职业则与之近似或者相关。

③DPT分类法。这一方法把职业分为：与资料打交道为主的工作（D）、与人打交道为主的工作（P）和与事物打交道为主的工作（T）3种。有的学者还增加了"思维性工作"（I），并称其为DPTI分类法。

（3）按工作世界地图分类。工作世界地图(world of-work map)由美国大学考试中心(ACT)于1985年研发出来。它是ACT根据数据—观念(data-idea)、人—物(people-thing)两个维度和四个向度区分出四个主要分类象限，工作世界地图还将分类系统与霍兰德的职业兴趣理论有机联系起来，将职业分为6大类职业、12个职业群、23个职业簇，是职业生涯规划的参考工具，用于评估个人的工作兴趣。

工作系列的位置基于其首要的工作任务，分为四种，分别是数据、观念、人、物。数据是指文字、数字、符号等资料的收集、整理与归档等程序，使之有助于进一步分析和统整；观念是指想法的启发、概念的传播、思考的运作、创意的发挥、真理的探究等认知历程；人是指人和人进行接触与沟通，包括了解、服务、协助或教导，以及说服、组织、管理或督导等；物是指处理物品、材料、机械、工具、设备和产品等与人或观念无关的实物。

从以上内容可以看出：社会服务类工作要求从业者具备社会型的职业兴趣与能力；管理和销售类工作要求从业者具备影响型的职业兴趣与能力；企业经营类工作要求从业者具备常规型的职业兴趣与能力；技术类工作要求从业者具备现实型职业兴趣与能力；科学技术类工作要求从业者具备研究型职业兴趣与能力；艺术类工作要求从业者具备艺术型职业兴趣与能力。

（4）按职业发展前景分类。

①曙光职业。东方已经出现亮光，但是太阳还没有升起，意味着目前正处于萌芽发展状态，但未来趋势比较看好的行业中的相关职业，比如心理咨询师、职业生涯辅

导师等。

②朝阳职业。朝阳职业就像一轮红日冉冉升起，意思就是刚刚兴起，正处于快速发展阶段，而且有相当大发展空间的行业，比如游戏行业、养老行业、虚拟现实（VR）行业、生物工程等。

③热门职业。指那些已经充分发展并且目前占据主流的职业。相对而言，这类职业发展迅速，薪资水平较高，分布以发达城市为主。设计行业主要是互联网、电子商务、计算机软件、大数据、IT服务、5G、电子/微电子等相关行业的职业。如软件工程师、网课教师、带货播主、视频UP主等。

④夕阳职业。夕阳产业是对趋向衰落的传统工商业的一种形象称呼。夕阳职业是指这类行业中对应传统产品或服务的职业。由于新技术、新形式的出现，传统产品或服务的需求出现减速或停滞，呈下降趋势。如公交车售票员、邮政管理人员等。

⑤流星职业。像流星般一闪而过的职业。如传呼台的传呼服务员、电报投递员等，曾经有很多人从事这些工作，现在这个职业基本上不存在了。

⑥恒星职业。自从人类有文明记载以来，无论社会发展如何变化，都是社会运转所必备的职业，几乎几千年一直存在，如农民、教师、厨师、医生等。

⑦昨日星辰职业。该职业曾经持续了很长时间，现已完全消失。如货郎、铅字排版工等。

大学生在确定职业发展方向时应该从多个角度分析往哪个行业的职业发展，以及思考未来的发展前景如何，应尽量往"曙光职业""朝阳职业""恒星职业""热门职业"发展。

（5）JobSoSo职业分类。

JobSoSo职业分类由国内专业的职业测评公司北京北森公司于2005年正式发布，它以全球领先的职业分类技术为基础，并经过适当修订使之适应中国本土。该系统包含了22个大类1000余种职业，它对每个具体的职业进行了详细的介绍，包括职业名称、直属上级、直属下级、合作部门、职位描述、工作内容、教育背景、核心课程、培训认证、工作环境、职业前景、知名公司、薪酬待遇、岗位核心要求等，是大学生了解职业信息的知识宝库。22个大类具体如下。

- 管理
- 传媒、艺术、文体娱乐
- 销售及相关职业
- 商业及金融
- 医疗专业技术
- 行政及行政支持
- 计算机和数学分析

- 医疗卫生辅助服务
- 农、林、畜牧业
- 建筑、工程技术
- 安全保卫、消防
- 建筑及冶炼类
- 科学研究
- 食品加工和餐饮服务
- 设备安装、维修和保养
- 社区及社会服务工作
- 建筑物、地面清洁及维护
- 企业生产
- 法律工作
- 个人护理及服务性职业
- 物流
- 教育、培训及图书管理

❷ 按其他方法探索工作世界

依据一定的规律对工作世界探索可以提高效率，使获得的内容更加真实客观，从而有利于做出科学合理的生涯决策。工作世界探索的渠道和方法还有很多，具体如表6-1所示，每种方法都有其利弊，在具体使用时应根据自身实际情况综合权衡，选择适合自己的方法进行探索。

表6-1　探索工作世界的渠道与方法

渠道、方法	举例	优点	不足
人才交流会	如每年秋招、春招时期学校一般都会举行专场招聘会	可以了解当地的人才需求状况及有关企事业单位的用工需求	只能了解到表面的信息、缺乏深度
视听节目	如《一职为你》《职来职往》《非你莫属》等	通过他人的实践了解职场发展状况和职业人面貌	电视节目可能为了迎合观众的口味，使得内容夸张、失真
有关书刊	如《达·芬奇密码》《可怕的温州人》《职业导师》等	间接获取一定知识，受到潜移默化的影响	效率比较低，有些书籍可能会因为情节需要失真、夸张
信息咨询	如去学校就业指导中心或其他专业机构进行咨询	能够得到专业人士的指导	可能因指导老师的素质能力差异使得效果不一
情景模拟	如参加模拟招聘会	切身体会用人单位招聘的考虑因素	脱离实际情况

续表

渠道、方法	举例	优点	不足
信息技术咨询	通过一些招聘或职业规划的网站和软件进行了解	效率高、信息量大、范围比较广	需要自己合理筛选
现场观察	如参观企业，体验一段时间的职场工作等	容易操作，对工作产生直接的感受认知	认知可能是表面和片面的，一次只能了解一个单位的情况

除此之外，实习、兼职等社会实践也是探索工作世界的重要渠道。当今社会日益发展，一味在校园里"两耳不闻窗外事，一心只读圣贤书"，对职业发展是不利的。大学生应在确保生命财产安全的前提下，积极参加各种社会实践，如参加课外兼职家教活动、暑假社会调查活动，利用节假日到相关企事业单位兼职打工、见习、实习或参加志愿服务活动等，既能增长社会见识，丰富社会知识，更全面、客观地认识社会和工作世界，又能锻炼自己的社会活动能力、相关工作能力，积累相关工作经验，为日后求职择业，顺利融入社会、适应社会打下良好基础。

❸ 我国职业发展趋势与特点

（1）职业要求由单一化向跨专业、复合型转化。当前，人们的人才观念已发生变化，市场对从业人员的要求也不断提高，原有的单一技能已经难以满足社会快速发展需要，脑力劳动逐渐增加，往往需要相关专业的许多知识和技能。用人单位在招聘时往往更倾向于录用能力强、素质高的复合型人才。

（2）新职业不断产生，职业更替周期不断加速。旧职业消失，新职业成长，职业兴衰记录着时代的变迁。从职业更替大趋势看，随着社会分工的精细化、个人需求的多元化不断加速，职业不断地分化、重组，越来越多的新职业产生。同时，越是新的职业，其内含的简单劳动成分越少，对知识技能的要求越高，要在新职业及未来潜在新职业中立足，充足的知识技能不可或缺。新职业的出现正使一些传统职业面临消亡。例如传统的剃头师傅正被满街的"发型设计师"替代；过去背着药箱的"赤脚医生"、手艺娴熟的修笔匠、眼疾手快的铅字排版工、穿蓝色工作服的油印工等大批旧职业正渐渐消失。国家有关部门针对这些变化，也会定期发布新职业。

（3）职业向信息化、智能型和知识创新型转化。传统工艺型职业在科技含量上相对滞后，在技术更新速度方面比较缓慢，而生产力发展会增加职业岗位的科技含量，改善劳动组织和生产手段，提高劳动生产率。从业者应摆脱传统经验的束缚，努力掌握现代信息，向知识创新型转变。同时，第一、第二产业的社会职业以消亡变动和重组为主；第三产业则迅速催生出越来越多的新职业。现代制造业和服务业，文化教育事业和休闲、保健、娱乐等行业，以及提供各种各样服务项目的社会服务业等发展迅猛。这说明未来职业朝着信息化、智能型和知识创新型转变的趋势不可逆转。在创新驱动战略背景下，知识经济发展加速，要求社会成员不断树立创新意识，在自己的职业岗位上进行创造性劳动。

6.2　中医药行业的发展趋势

相信大多数人都听过一句话：做一行，爱一行。但人与人之间因先天差异使得每个人在志趣、能力、特长、爱好、性格等方面各不相同。有些学生只是觉得中医药行业发展不错，但对该行业的现状和前景却难以有更深层的理解，例如中医药行业好在哪里，未来的趋势如何，还存在哪些不足，自己可以从事哪些职业，该行业的延伸链是哪些等。从这些问题可以看出，作为中医药院校的大学生，深入了解中医药行业的发展状况和未来趋势是十分必要的。

6.2.1　中医药的特殊地位与独特优势

中医药是我国民族医药的统称，展示了历史悠久的中华民族对生命、健康和疾病的认识，是具有独特理论与技术方法的医药学体系。中医药学包含中华民族几千年的健康养生理念及其实践经验，是中华文明的瑰宝，凝聚着中国人民的博大智慧，也是打开中华文明宝库的钥匙。

总体而言，中医药的特色和优势是明显的，比如副作用小、疗效好，药的价格相对便宜，尤其是在治未病、重大疾病预防、疾病康复等方面作用独特，是我国卫生健康事业发展布局中不可替代的一部分。尤其是在全球抗击新冠肺炎疫情中，我国中医药运用辨证论治、多靶点干预的治疗观念，实现了缩短患者症状持续时间，提高临床治愈率，遏制病情恶化的效果，探索形成了以中医药为特色、中西医结合救治的系统治疗方案，这是我国中医药一次生动的传承创新实践，成为全球抗击疫情的一大特色和亮点。

6.2.2　中医药行业发展的政策走向与行业趋势

❶ 中医药行业发展的政策走向

近年来，国家出台一系列政策支持传统中医药的创新和发展，将中医药发展列入国家发展战略，大力发展中医药已经成为业界的共识。《中医药发展战略规划纲要（2016—2030年）》提出：到2020年，实现人人基本享有中医药服务，中医药产业成为国民经济重要支柱之一；到2030年，中医药服务领域实现全覆盖，中医药健康服务能力显著增强，对经济社会发展作出更大贡献。2019年，以中共中央和国务院名义发布的第一个中医药文件《关于促进中医药传承创新发展的意见》正式出台，提出传承创新发展中医药是新时代中国特色社会主义事业的重要内容，是中华民族伟大复兴的大事。这标志着中医药事业进入快速发展、高速发展的黄金时期。《中华人民共和国国民经济和社会发展第十四个五年规划和2035年远景目标纲要》指出：要坚持中西医并重和优势互补，大力发展中医药事业；健全中医药服务体系，发挥中医药在疾病预防、治疗、康复中的独特优势；加强中西医结合，促进少数民族医药发展；加强古典医籍精华的梳理和挖掘，建设中医药科技支撑平台，改革完善中药审评审批机制，促进中药新药研发保护和产业发展；强化中药质量监管，促进中药质量提升；强化中医药特色人才培养，加强中医药文化传承与创新发展，推动中医药走向世界；在"十四五"期间推动建设国家中医药传承创新中心20个左右，中西医协同旗舰医院20个左右，中医疫病防治基地20个左右，中医特色重点医院100个左右，形成一批中医优势专科。据有关数据显示，中国中药市场规模的复合增长率为8.2%以上，远高于GDP的增速。

❷ 中医药行业深度融合发展的重点方向

中医药不仅在重大疾病和慢性病的预防和康复中起着积极作用，还将在养生保健、健康养老、健康旅游、中医药文化等方面加速深度融合发展。在新发展格局背景下，传统的中医药发展机遇前所未有，迎来突破性变化，已成为展示中国防治新冠肺炎病毒成果的重要窗口。未来，一方面我国在中药生产、原料加工、生产过程控制及产品质量管控等方面还有一定的完善空间；另一方面，中医药行业在大数据时代将深度融合人工智能、区块链等实现数字化与智能化，技术开发与创新能力大幅提升，并将围绕大健康概念创新搭载养生保健、观光旅游、研学体验等焕发出强大生机与活力，推动中医药行业创新发展、整体升级。

（1）形成中西医并重格局。中西医结合是指把传统中医药的理论与方法和西医西药的理论与方法有机融合，以改善临床疗效为基础，进而阐明内在机理，最后形成新的医学理论。新中国成立后，中西医结合一直是国家长期实行的方针政策，并在多年的临床实践中相互交叉发轫，不断探索出许多新的理论与方法，以此逐渐演变成了发展目标明确和方法独特的学术体系。

近年来，中西结合发展的呼声越来越强劲，尤其是一批西医学中人员的研究已进展到分子生物学水平，使传统的中医理论不断实现质的升华，辨病与辨症相结合的理念得到普遍认可与应用，中西医结合正进入一个新的发展阶段。在新冠肺炎患者的治疗中，中医早期介入、全程参与，力度前所未有，运用中医和西医联合会诊的办法，协同救治，治愈率明显提高，病亡率明显降低，成为我国此次疫情防控的亮点之一。

虽然当前中西医结合发展还存在政策体系、技术衔接、人才支撑等问题，但中西医并重的战略导向已经十分明显，中医的投入与政策性扶持力度不断加大。未来，西医、中医和中西医结合联动的医疗卫生服务格局将更加凸显，中医医院的中医药服务专业化属性不断强化，形成与西医医院的差异化定位。同时，中西医结合医院运行也将不断健全，全面整合西医多元技术路径、治疗标准和现代医疗设备，不断拓宽新兴和交叉学科的知识、技术的应用渠道。此外，国家将重点支持在中西医结合领域培养专业化、复合型的人才队伍，突出学科交叉特点，有机融入云计算、人工智能、大数据、生物信息、网络药理学、基因筛查、预查预警、再生医学等为代表的新兴交叉学科的培养内容，促进了中西医结合教育从形式向内容的本质转变，进一步展示了现代医疗服务解决复杂疾病的应用价值。

（2）深度融入信息科技时代。随着"大数据战略"和"云计算创新发展重大工程"的快速推进，"互联网＋"新应用、新业态、新模式不断涌现，信息科技技术已融入人们生产生活的各个领域，深度影响社会运转。中医药作为传统产业，面临着传承创新发展的重大使命与挑战，通过融入信息科技助推中医药行业整体发展升级是必然之路。虽然中医药事业的发展正迎来前所未有的历史机遇，但如何运用现代化、信息化手段，在不断传承中医药传统工艺的基础上，探索中医药服务新途径，实现中医药标准化建设，促进行业和产业的融合发展，更好地满足人民群众对中医药服务多元化的需求，是迫切需要解决的问题。

信息科技技术在中医药行业可以实现全产业链的场景运用。比如中药材质量控制问题，可通过中医药与信息技术融合，解决中药饮片抓药不准、分剂不匀、抓取时间长、煎煮不规范的问题，实现中医药标准化建设。

同时，信息科技技术将在医疗共享服务平台、中医服务资源配置、中医服务监管、中医药科研数据挖掘等方面得到广泛运用。

（3）大力发展中医药健康养老产业。健康养老行业是未来的朝阳产业，目前来看，我国的多数养老院存在有养老无医疗的弊端，而医院又仅有医疗而无养老服务，这使得养老院的老人在就医方面面临不少困难，如果救治不及时，会给家人和社会造成极大负担。关于人口老龄化问题，根据第七次全国人口普查数据，全国60岁及以上人口达2.64亿人，占18.7%；其中，65岁及以上人口达到1.91亿人，占13.5%。可见，人口老龄化程度进一步加深，未来一段时期将持续面临人口长期均衡发展的压力。2060年之前，中国老年人口比重将快速上升。从数据来看，我国目前尚未完全进入"老龄社会"，但一些省市已经先期步入"老龄社会"，全国整体进入"老龄社会"的步伐也在加快。这说明，未来我国养老产业发展空间是巨大的，把中医药养生保健和"治未病"理念融入老年人日常生活各个方面，引导他们形成良好的生活习惯、健康的生活态度，是未来的必然趋势。此外，在中医体质辨识方面，具有针对不同体质的中医药干预方法，在老年人常见病、多发病和慢性病中医药防治理念和技术方法方面，优于西医，同时经济有效、副作用小、简便易行，这为提高老年人生存和生活质量创造了条件。

综上可知，中医药与养老将深度融合发展是大势所趋，中医医疗资源将进入养老机构、社区和居民家庭，中医药特色医养结合机构将不断出现，具有中国特色的医养结合模式将加快形成，并在全球养老产业发展体系中占有重要一席。因此，中医药院校大学生在制定职业生涯目标的时候，完全可以在中医药养老领域找到符合自身实际的职业。

（4）中医药养生旅游产业提质升级。文化养生吸纳养生观念与技术，通过广泛整合传统特色文化资源，实现一种现代意义的延长生命模式。纵观全球，一些国家和地区在养生旅游业方面已初具规模，比如，泰国的美体养生、法国的庄园养生、瑞士的抗老养生、韩国的美容养生、阿尔卑斯的高山养生等，而且对应发展形成了不同的养生旅游开发模式。我国养生文化发展历史悠久，具有丰富的内涵，主要方式有茶保健、温泉疗养、有机国药调理、太极养生功等，一些地区大力推行养生旅游目的地建设，以此实现养身养心、天人合一的全方位疗养发展模式，这是我国养生旅游的独特之处，且具国际竞争力。那么，什么是中医养生保健呢？一般认为，中医养生保健是指有机运用中医药理念、方法和技术，以保养身心、预防疾病、改善体质、增进健康为目的，包括非医疗机构和医疗机构提供的有关服务。中医养生保健是发展养生旅游的重要内容。我国中医养生理论与思想历史渊源久远，主要有预防观、整体观、平衡观、辩证观，如未病先防、未老先养；天人相应、形神兼具；调整阴阳、补偏救弊；动静有常、和谐适度等。

整体来看，目前我国的养生旅游目的地还存在着过度依赖自然资源、产品单一的问题，纯粹"靠天吃饭"的局面还未根本改变。以依赖自然资源为主的养生产品缺乏深入挖掘消费者的养生诉求，概念大于产品的情况凸显。从未来市场上来看，人口结构的老龄化与亚健康状况将比较普遍，全球整体健康理念也将发生革命性变化，人们对健康养生的需求将成为继温饱需求之后的又一市场主流趋势和产业发展热点。在未来一段时间内，养生旅游将形成新型业态模式，养生资源与旅游活动实现交叉渗透与深度融合，开发具有地域特色的中医药健康旅游产品和线路，建设一批国家中医药健康旅游示范基地和中医药健康旅游综合体，全方位满足人们对身体健康的现实需求。

（5）中医药文化加速创造性转化、创新性发展。中医药文化是中国优秀文化的代表。建设健康中国，迫切需要推动中国特色健康文化的建设，培育健康生活方式，进一步激发和释放人民群众对中医药健康养生文化的需求，为中医药文化建设奠定更加坚实的群众基础。提升中医药文化的凝聚力、影响力和竞争力，对推动中医药事业发展具有强劲的引领作用。推动中医药与文化产业融合发展是大势所趋，尤其是在中医药健康养生文化创造性转化、创新性发展方面，依托中医药文化跨界事例也在不断发展。比如同仁堂开设的中医健康餐饮体验店，推出了添加中草药的咖啡。未来，各地将探索建设融医、教、研、工、农、文为一体的中医药综合文化旅游博览示范园，打造中医药文化体验区。

此外，当前比较热门的研学旅行未来也将融入中医药文化。研学旅行是各类学校结合自身教学与实践需要，依托本地区域特色，考虑不同年龄段学生特点，集体组织学生走出校园实践锻炼、接触社会、拓展视野、丰富知识的生活方式和社会公共道德的体验。研学旅行是对我国传统游学——"读万卷书、行万里路"的教育理念和人文精神的继承和发展，成为新时代素质教育的新内容和新方式。

2016年，教育部等11部门专门出台的《关于推进中小学生研学旅行的意见》就提到，开展研学旅行有利于提升中小学生的自理能力、创新精神和实践能力，促进学生培育和践行社会主义核心价值观，激发学生对党、对国家、对人民的热爱之情，有利于推动素质教育的全面实施，促进书本知识和生活经验的深度融合。中医药历史文化底蕴深厚，学生通过亲身实践感受中医药的魅力，在"游"中发现问题、在"学"中应用知识、在"研"中解决问题，在体验式研学课堂中加深对中华传统文化的认识。

（6）中医药国际化进展加速。随着医疗领域的不断发展，世界各国对健康观念和医疗模式也在不断发生深刻变化。中医在慢性病、重大疾病和新发传染病治疗领域为国际社会开创了新的路径，特别是中医药在抗击新冠肺炎疫情中发挥了特色优势。国际上对中医药的关注越来越多，一些中医药产品在英国、荷兰、匈牙利等西方国家销售额大幅上涨，人们对中医药治疗理念的认识也在不断加深。2019年，世界卫生组织把中医传统医学纳入"全球医学纲要"（"全球医学纲要"也被称为国际疾病与相关健康问题统计分类），在全球拥有绝对的影响力。目前，中医药已经在全球近200个国家和地区广泛传播，还与一些国家和地区签订了合作协议。据世界卫生组织统计，中医已先后在澳大利亚、奥地利、新加坡、越南、泰国、阿联酋、南非等30余个国家和地区得到法律认可，并在以上国家和地区开办了中医药院校，专门培训中医药人才。可见，我国中医药产业呈现多元化发展的强劲势头，增长潜力巨大，已成为我国"走出去"的重要代表，是对外经济的重要组成部分。

与此同时，我们也必须清醒地认识到，中医药要实现全面融入国际主流市场并非易事，目前还面临不少困难亟待破解。尽管通过此次抗疫进一步深化了中西医之间的了解和融合，但国际上对中医药的质疑声仍然不少，要让国际社会普遍接受，还要在技术上进一步拿出科学依据、疗效证据，同时也面临国际市场开拓的难点，比如目前中医药主流消费群体比较少，仍以华人为主，中成药未经注册无法合法进入国际市场，即便能进入，其注册成本极高，销售身份以膳食补充剂为主。因此，整体来看，要走出一条独具中国特色的医学发展之路，还有很多困难要克服。

了解到中医药国际化任重道远的同时，我们也应认识到国家推进中医药国际化的政策东风越来越强劲。在"十四五"规划中，推进中医药走向世界是中医药领域的六大发展重点之一，国家战略层面对中医药发展的定位已经达到历史制高点。未来，我国将重点加强中医药标准化建设力度。国际标准的制定有助于解决各国中医药发展中存在的文化背景差异问题，如医学体系的不同以及法律地位的缺失。标准化建设有利于促进各国相互了解，促进中医药学在所在国家的科学化、规范化发展和法制化、标准化建设。总而言之，中医药走向世界的趋势前景广阔。

6.2.3　中医药行业发展趋势对大学生职业生涯发展的影响

❶ 人才需求量不断增加，职业选择机会更多

未来我国中医药行业不仅在医疗方面加速扩张，还将与信息科技、旅游、养老、文化等行业深度融合。这一方面直接增加了相关行业的人才需求量，另一方面则给中医药院校学生职业发展带来了更多的机会，尤其是跨界就业将成为一种新的趋势。

❷ 行业深度融合发展加速，复合型人才受到欢迎

高端、复合型人才缺乏将是中医药行业与其他行业深度融合的瓶颈。当前，我国中医药院校对复合型和交叉型的专业人才培养还不足，往往是懂医药的不懂经济、懂营销的不懂医技、懂管理的不懂中医药产业。这就意味着，如果学生在自己职业生涯规划中能够有意识地去计划学习一些与自身专业相配套的交叉学科的基础知识，这对个人职业发展是锦上添花的好事情，或许在未来职场发展中曾经不经意积累的一些非专业知识反而成为自身职业发展的巨大优势。比如，在"一带一路"战略背景下，中医药走向国际化是大势所趋，中医专业的学生如能掌握一门外语，这显然就契合了国家战略走向，职业发展必然有更多选择。

❸ 行业市场细分更加明显，创新创业机会越来越多

行业深度融合发展也将促进中医药行业市场细分更加明晰，在行业市场竞争激烈的今天，每一个市场细分行业都是一个创业机会，谁能洞察到市场机遇，谁就能抢夺创业先机。以往中医药专业学生创业实践的途径相对较窄，基本上是一些传统的模式，如诊所、药店、推拿馆等，这些对于大学生来说过于局限，做大做强的难度大，市场竞争激烈。在中医药行业发展整体走向提质升级、深度融合的时代，大学生创业实践不仅可以在专业领域展开，还可以与很多领域相关联，如"中医药＋餐饮食品""中医药＋文化体验""中医药＋大数据"等，这些都是大有可为的发展机遇。对于中医药院校的大学生来说，具备中医药专业的背景，是与其他院校学生相比最大优势所在，如果在创新创业政策的支持下，积极尝试创业实践，也将是走向成功、实现人生价值的可行之路。

6.3　职业发展的通道

6.3.1　临床医学类专业职业发展的通道

临床医学类专业包括中西医临床医学、中医学、中医骨伤、针灸推拿、中医养生、康复治疗等。在中医药院校中，临床医学类专业是一门实践性很强的应用科学专业，致力于培养具备基础医学、临床医学的基本理论和医疗预防的基本技能，具备较强的中医文化底蕴，系统掌握扎实的中医基本理论、针灸推拿学基本知识及基本技能，具有较强的中医思维与专业实践技能，能在医疗卫生单位、医学科研等部门从事医疗及预防、医学科研等方面工作的医学高级专门人才。

当前，"健康中国"已上升为国家战略，人民群众对健康的需求日益增长，国家着力推动中医药振兴发展，江西省更是提出"中医药强省"战略，中医药正面临着前所未有的发展机遇，越来越受到广大人民群众和国际社会的欢迎和认可。2020年，国务院办公厅印发的《关于加快医学教育创新发展的指导意见》明确提出：着力加强医学学科建设，在一流大学和一流学科建设中，加大医学及相关学科建设布局和支持力度，并将推进"卓越医生教育培养计划2.0"，到2021年建设成600个左右医学本科一流专业建设点。研究生扩招也向临床医学倾斜，考研机会较其他专业更大。毕业后，可在中医医院、综合性医院及社区医院等各级医疗卫生机构从事临床工作，以及预防、保健、康复工作；也可在中、高等医药院校、研究所从事中西医临床教学、科研、管理及对外交流等工作；也可自主创业、开办诊所等。

本专业的技能证书考试主要为中西医结合执业医师、中医执业助理医师、中医执业医师、中医按摩师、康复治疗师、健康管理师等考试。

毕业后能从事的职业主要有：医师（分为专科医生、全科医生）、康复治疗师、药剂师、健康管理与咨询师、医学编辑等。

6.3.2　药学类专业职业发展的通道

药学类属于医学的一级学科，包含的专业有：药学、中药学、中药制药、药物制剂、中药资源与开发、药事管理、药物分析、药物化学、海洋药学。本专业主要培养具备化学、生物学、药学学科基础理论、基本知识和实验技能，能在药品生产、检验、流通、使用、研究与开发领域从事药物研究与开发、药物生产、药物质量控制、药物临床应用与评价、药品流通、监督管理等方面工作的高级药科人才。

随着我国医药改革，药品的流通渠道和售价空间也会受到限制。但是，在"健康中国"背景下，尤其是在"卡脖子"药品类取得新的突破之后。我国未来对与药品相关的政策只会更加重视，市场规模仍将持续扩大。与医学类专业相比，药学类专业就业门槛相对较低，大部分药学专业的学生毕业后去做医药代表，在与医药相关的销售岗位周旋，工作相对轻松，但起薪较低，工资的天花板低。想要进三甲医院、事业单位工作，通过考研提高自身的专业性是药学类专业学生提高职业竞争力的可行之路。

药学类专业技能考试主要为国家执业药师考试、药学职称考试。药店等药品经营单位需要执业药师，一般都是质量负责人之类的职务，需要一定年限的药品经营质量管理经验（如药店养护员、验收员等）。药学职称考试是一种专业技术资格考试，晋升次序是：中（西）药师、主管中（西）药师、副主任中（西）药师、主任中（西）药师，基本职称与工资福利待遇关联。

毕业后能从事的岗位主要为药师、医药信息沟通专员、市场专员、医学专员、临床协调员、临床监察员、生产技术员、产品质量控制员、新药研发员。药学类专业报考公务员的范围相对较窄，主要是药监局、卫生局、药检所、海关及其他不限专业的岗位。

6.3.3　人文社科类专业职业发展的通道

在中医药院校中，人文社科类专业主要有医药营销、药事管理、保险学、公共事业管理、健康服务与管理、音乐治疗、英语、应用心理学等。主要培养能够在社会医疗保险部门、医院、企事业单位等从事中医药管理与服务、营销策划、培训咨询以及中医药走向国际化的专门人才。

中医药院校人文社科类专业具有复合型、应用型、创新型特点，学生不仅要学习与其他类型高校同样的专业课程，而且还要学习一些医学、药学的基础理论、基本知识，因其较强的学科交叉，具备独特优势与特点，具有差异化、特色化的就业竞争力。为此，在"一带一路"深度发展的背景下，中医药走向国际的步伐不断加快，国内中医药行业将不断推动"量"和"质"的双向跨越，相关的管理、金融、外语等人才需求量将进一步扩大，尤其是具备中医药知识背景和实践经验的人文社科专业学生，将在人才市场上更具竞争力。

中医药院校人文社科类专业技能证书相对较为广泛，一种是比较宽泛普遍的，如会计从业资格证、银行从业资格证、心理咨询师资格证、英语专业四级/六级证书等；另一种是契合医药类院校特色的，如健康管理师、卫生管理师、医药营销师等。

毕业后能从事的岗位主要为医药学术专员、音乐治疗师、中医英语翻译、医疗机构行政人员等。

6.3.4　医学信息技术类专业职业发展的通道

医学信息技术类专业主要包含医学信息工程、医学影像技术、生物医学工程、计算机科学与技术等，培养具备信息学、计算机科学和医学基础理论知识与技能，能在医疗卫生、计算机、电子、信息、生物等领域胜任信息系统设计与开发，医学信息分析与处理，医疗器械及设备的信息管理与分析、教学等工作的复合型应用人才。

随着现代经济和科技的发展，中国IT行业已经步入了一个高速发展的时代。互联网越来越广泛地深入人们生活的方方面面，IT技术服务市场需求空缺越来越大。随着信息产业的迅猛发展，行业人才需求量也在逐年扩大。以软件开发为例，我国软件人才需求以每年20%的速度增长，每年新增需求近百万。在市场经济高速发展的今天，IT业以其超强劲的发展势头，成为目前较具前景的高薪行业之一，诸如软件工程师、网络工程师、影视动画设计师等IT人才成为职场紧缺人才，发展前景好，薪资水平也水涨船高。

医学信息技术类专业技能证书主要有计算机硬件工程师资格证、放射医学技术专业技师资格证、计算机软件工程师资格证、企业认证证书、Linux管理员资格证、系统分析师资格证、软件设计师资格证、程序师资格证等。

医学信息技术类专业学生毕业后可进入医药行业、公共卫生行业、IT行业、行政机关、科研院所、金融机构、高等学校等各类企事业单位，成为程序员、系统开发工程师、信息工程师、网络维护员、科研工作者、计算机教育工作者等。由于具备一定的中医药知识，该类专业毕业生在就业市场中倍受青睐，尤其是擅长医药软件的开发和应用的毕业生就业机会更多。

6.3.5　护理类专业职业发展通道

护理类专业主要是护理学、助产专业，该类专业培养具备系统的护理学及相关的医学、中医学和人文社会科学知识，具有基本的临床护理能力，初步的教学、管理和科研能力以及终身学习能力和良好的职业素养，能在各类医疗卫生保健机构从事护理工作的应用型专业人才。

护理职业是国际上地位较高、薪水丰厚的职业之一，同时，护理人才又是国际紧缺的人才之一。随着"大健康时代"的到来，我国护理人员需求量持续激增，护理学专业被教育部、国家卫健委等部委列入国家紧缺人才专业。未来，护理人员将成为护理卫生保健、健康教育的重要力量，其范畴将逐步扩展到社区护理、专科护士、专业护士等方面。随着我国经济社会发展水平逐步向高质量跨越及向老龄化社会转变，人们对医疗护理人员的要求也将越来越高，保健医师、家庭护士将成为热门人才，专门为个人服务的护理人员需求量也将增长，具备扎实的专业护理知识且综合素质较强的护理毕业生会受到市场欢迎。

护理类专业学生的技能证书主要有护士、初级护师、健康管理师、养老护理师、康复师、高级主管护师等资格证。

护理类专业学生毕业后可从事医院护士、家庭护理人员、社区护理人员、护理教师等工作。

1.请各小组同学用头脑风暴法尽可能多地列举出与医院相关的职业,并把联想到的职业全部记录下来。

2.请大家结合中医药行业未来的发展趋势,想想未来该行业还会出现哪些新职业。

CHAPTER 07

第7章 职业决策

案例导入

2020年，在全国抗击新冠肺炎疫情表彰大会上，陈薇被授予"人民英雄"国家荣誉称号。翻开陈薇的履历，我们会看到许多值得骄傲的头衔，诸如中国工程院院士、生物危害防控专家、军事医学研究院生物工程研究所所长、少将军衔等，随便一个头衔都是普通人难以企及的极限。但陈薇成为一个科学家，却是一个美丽的意外。

陈薇是浙江金华兰溪人，1984年考入浙江大学化学工程系，本科毕业后被免试推荐到清华大学化学工程系生物化工专业攻读硕士学位。虽然是理科生，但她生性活泼、兴趣广泛、长相清丽，成为了清华园中的女神。还没毕业，她就已经被深圳一家实力雄厚的生物公司签约。一个偶然的机会，她因为取实验抗体前往军事医学科学院，而这场"邂逅"让她产生了参军的念头。她认为，如果个人选择能与国家重大需求相结合，为国家发展做出贡献，才能真正实现个人的理想和价值。一边是丰厚的薪酬待遇，一边是内心强烈的召唤，在经过衡量后，她不顾家人朋友反复劝说，投身于国防大业。科研工作薪酬低，前途未卜，辛酸孤苦，但她内心坚定，毫不动摇，做好了长期"坐冷板凳"的准备。2003年"非典"疫情肆虐，彻底把她推向了历史的舞台。当时，很多医护人员感染了肺炎，陈薇带领着团队不分昼夜地攻关。为了和病毒赛跑，她带队钻进了负压实验室，在缺氧的环境中头痛欲裂，奋战了50多天后，陈薇团队终于如愿研制出了"重组人干扰素ω"，有效地预防了"非典"，1.4万名医护人员使用后，不再有人染上肺炎。2014年，埃博拉疫情在西非塞拉利昂大规模暴发，陈薇先后4次带领团队赴塞拉利昂开展临床试验，与埃博拉患者零距离接触，从来没有退缩。最终，陈薇团队研发的疫苗成为全球首个获批新药的埃博拉疫苗（资料来源：互联网）。

每个人在一生中都会面临职业决策，在做选择时需要考虑众多因素，既有个人兴趣、性格、专业能力和价值取向等内在因素，也有家人期待、行业发展和社会需求等外部因素。陈薇院士在面临职业决策时，放弃了他人眼中优厚的物质条件，将个人职业理想与国家发展需要紧密结合，体现了崇高的责任感和使命感。

7.1 职业决策概述

7.1.1 职业决策的概念

职业决策是职业生涯规划过程中的关键环节，是个体对职业选择和发展进行审慎抉择的系统过程。职业决策建立在认识自我和了解外部职业环境的基础上，在多个行业领域和工作机会中做出合理的选择。职业决策是每个人都会面临的重要决策，是一个复杂和动态发展的过程，而不仅仅是单一的决策结果。

❶ 职业决策的含义

职业决策又称职业生涯决策，它有广义和狭义之分，广义的职业决策是指一个完整职业规划过程，是动态发展的过程；狭义的职业决策是指职业规划过程中的一个环节。职业决策是个体对职业方案的设计选择，需要个人在自我认知的基础上，对外部职业环境的特点进行全面探索和分析，从而对职业生涯的规划和发展进行综合考虑，最终制订和选择科学可行的发展方案。

职业决策的目的是选择适合个体的最优的职业发展方向。大学生在职业规划的过程中，要有清晰的人生目标，能理性地罗列出可供选择的方案，并结合现实状况进行相应的分析和评估。大学生要做出科学合理的职业决策需要做到以下几点。一是要有清晰的自我认知，大学生要正确认识自我性格特点、兴趣爱好、专业能力和价值观，要发现自己的内在需求和职业理想。自我认知主要依靠大学生自己的分析和判断，也可以依据家人、老师和朋友对你的了解进行综合分析。二是要充分了解外部职业世界，包括整体就业形势、就业环境、就业政策及职业分类、职业性质、职业需求信息、择业程序和决策方法等。这需要大学生通过实习实践加强了解，通过咨询学校就业指导中心、相关老师和专业人士等获取有关职业信息。三是进行科学合理的决策，选择确定第一份工作，对即将步入社会的大学毕业生而言，无疑是人生中的一次重大决策。大学生在充分认识自我和外部职业世界的基础上，进行综合比较分析，通过职业咨询指导，做出适合自己的职业决策。

❷ 职业决策的风格

职业决策风格是指个体在做职业决策时表现出来的行为偏好和心理倾向，反映了个体在决策的过程中习惯的反应模式，是关于职业决策行为的个性特征在职业决策过程中的体现。职业决策风格是影响决策效果与决策效率的一个重要因素。

（1）职业决策风格"三分法"。根据职业生涯学者哈瑞恩（Harren）的研究，大部分人的职业决策方式可以归纳为以下3类。

①理性型。理性型崇尚逻辑分析，通常在收集大量的自我和环境信息的基础上，权衡各个选项的利弊得失，做出最佳的选择。

②直觉型。直觉型是以自己在特定的情景中的感受或情绪反应，直接做决定。这种风格的人做决定全凭感觉，比较冲动，很少能系统地收集相关信息，但他们能为自己作出的决定负责。

③依赖型。依赖型的人常常是等待或依赖他人为自己收集信息再做决定，比较被动和顺从，做选择时十分注重他人的意见和期望。

（2）职业决策风格"五分法"。美国职业生涯专家斯科特（Scott）和布鲁斯（Bruce）认为，决策风格是在后天的学习经验中逐渐形成的，并将决策风格划分为以下5类。

①理智型。理智型以全面的探求、对选择的逻辑性评估为特征。理智型的决策者具备深思熟虑、分析、逻辑的特性。这类决策者会评估决策的长期效用，并以事实为基础作出决策。理智型决策风格是较受推崇的决策方式，强调综合全面地收集信息、理智地思考和冷静地分析判断，是其他决策风格的个体需要培养的一种良好的思考习惯。但理智型的决策风格也不是完美的，即使采用系统、逻辑的方式，也会出现因为害怕承担决策的后果而不能整合全部信息的困扰。

②直觉型。直觉型以依赖直觉和感觉为特征，比较关注内心的感受。直觉型的决策风格以自我判断为导向，在信息有限时能够快速作出决策，当发现错误时能迅速改变决策。由于是以个人直觉而不是理性分析为基础的，这类决策发生错误的可能性较大，因此，易造成决策不确定性。

③依赖型。依赖型以寻求他人的指导和建议为特征。依赖型决策者由于缺少对环境的认识和对自身的了解，往往比较被动和顺从，不能够承担自己做决策的责任，允许他人参与决策并共同分享决策成果，会受到他人的正面评价，但也可能因为简单地模仿他人的行为而导致不良的后果。

④回避型。回避型以试图回避作出决策为特征。回避型的决策风格是一种拖延、不果断的方式。决策者面对问题会产生焦虑感，害怕作出错误决策。决策者由于不愿承担"错误"决策的责任，而倾向于不做准备，不思考，更不寻求帮助。回避型决策者需要意识到这种决策风格可能造成的危害，只有努力调整，增强职业生涯规划的意识和能力，才能从根本上得到帮助。

⑤自发型。自发型以渴望尽快完成决策为特征。自发型的个体往往不能容忍决策的不确定性以及由此带来的焦虑情绪，是一种具有强烈即时性，并对快速做决策的过程有兴趣的决策风格。自发型决策者常会基于一时的冲动，在缺乏深思熟虑的情况下做出决策，此类决策者通常会给人果断或过于冲动的感觉。

（3）职业决策风格"八分法"。学者丁克里奇（Dinklage）通过访谈研究，根据人们做决策的不同行为特征，把职业生涯决策风格分为以下8类。

①延迟型。延迟型决策风格的人习惯于把问题往后拖延，他们知道问题所在，但是经常迟迟不做决定，或者到最后一刻才做决定。

②宿命型。宿命型决策风格的人习惯将决定权交给命运或境遇，自己不愿做决定，人生态度消极低落，认为做什么选择都是一样的。

③顺从型。顺从型决策风格的人容易顺从别人的决策而不是独立地作出自己的决定，往往会忽略自身的独特性，作出不适合自己的决策。

④麻痹型。麻痹型决策风格的人害怕承担做决策的结果，也不愿意负责，选择麻痹自己来逃避做决策。

⑤直觉型。直觉型决策风格的人根据感觉做决定，大多数情况下只考虑自己想要的，不在乎外在的因素。这种决策通常没有经过认真思考，容易产生先入为主的偏见。

⑥冲动型。冲动型决策风格的人不愿意思考太多，往往基于第一想法作出决定，不考虑其他方案，所以决策风险较大，遇到更好的选择时容易后悔。

⑦犹豫型。犹豫型决策风格的人考虑过多，在决策前搜集大量信息，反复比较，在诸多选择中无法果断决定，常常处在痛苦的挣扎状态中。

⑧计划型。计划型决策风格的人既善于倾听自己内在的声音，也充分考虑外界因素，结合标准化决策模型推荐的理性策略，通常能够作出适当的决策。

7.1.2　职业决策的原则

职业决策不仅仅是作出职业选择，还需要对整个职业生涯的发展进行评估和调整。如果职业决策过于草率，职业生涯规划便失去了后续的发展支撑，不利于职业生涯的长远发展。个人与职业是密切关联的，要尽量使得二者相互适应、相互匹配。因此，大学生在进行职业决策时，主要从个人的兴趣、性格、能力、价值取向以及社会需求等方面进行综合衡量，应遵循以下四个原则。

❶ 兴趣发展原则

俗话说，兴趣是最好的老师。从事自己感兴趣的工作会让人保持充沛的精力和热情，并转化为从事该项工作的长久动力，让人产生满足感。在进入大学开始独立生活以后，每个人都会经历各自不同的学习和成长阶段，这时兴趣和爱好虽然变得十分广泛，但如果缺乏长久的兴趣和长远的计划，当需要选择其中一项作为终身事业时，往往会显得无所适从。所以，在做职业决策时，不仅要选择自己喜欢的职业方向，而且要主动培养自己的职业兴趣。

❷ 能力胜任原则

职业生涯发展的核心在于从事自己擅长的工作。仅凭兴趣选择工作是不全面的，感兴趣的事情也不一定有能力做好。从事任何职业都需要具备相应的职业技能，以满足职业岗位的需要。清楚自己适合干什么、能干什么是合理择业的重要前提。在制订职业规划时，大学生要认真分析自己的优缺点，根据自己的能力特征和个性特点，选择既喜欢又有能力胜任的工作领域，以便最大限度地发挥自己的价值。

❸ 价值取向原则

个体在职业决策过程中追求收益最大化，是人职匹配的价值取向。职业作为个人谋生的手段，其目的在于追求物质和精神上的满足，并最终实现个人的价值。影响一个人理性职业决策的因素，除了兴趣和能力等内在因素，还涉及职业回报、行业发展状况和发展前景。所以，大学生在进行职业决策时，不仅要考虑个人预期的经济收益，还要考虑精神需求的满足和发展前景等因素，最终在收入、社会地位、成就感和工作付出之间作出明智的选择，使个人在整个职业生涯的发展过程中获得收益的最大化。

❹ 社会需求原则

个体在进行职业决策时，除了考虑个人兴趣、能力和价值取向外，还应兼顾社会的需求和行业发展前景等外在因素。如果所选择的职业是自己感兴趣和能力范围内的，但社会没有需求或需求极少，未来就业机会渺茫，这样的职业生涯规划就是失败的。由于社会人才需求、劳动力市场变化发展的不确定性，衡量社会需求以及发展前景不是简单的事情，因此大学生在选择职业时，应综合权衡、统筹考虑，力争做到在择己所爱、择己所能的同时，兼顾符合社会所需，理智地作出职业决策。

7.2　职业决策的外界影响因素

大学生职业生涯决策受到各类因素的影响和制约，一直以来，对于职业生涯决策影响因素的研究也是大学生职业生涯管理研究领域的重点。但是目前，还没有形成共识，大多数学者认为，大学生职业生涯决策主要受个人、社会、其他方面的因素影响。本节将从个人因素、社会因素和其他因素三个角度出发，解读大学生职业生涯决策的影响因素。

7.2.1　个人因素

❶ 兴趣

兴趣是人类认识、探知外界事物或经常参加该种活动的一种心理倾向，是人们认识、掌握某种事物的动力。兴趣能够激发人类愉快的情绪和体验，一个人如果能够根据个人的兴趣爱好进行职业生涯规划，作出适当的职业决策，那么他就能够充分发挥主观能动性，积极主动地获取与该职业相关的知识和技能，这就是兴趣的最大功用。

因此，大学生在选择长期、稳定的职业生涯时，一定要认清自己对职业的兴趣导向，只有从事自己感兴趣的职业、规划好自己的职业生涯，才更有可能取得职业生涯的成功。

❷ 性格

性格反映了一个人独特的行为方式，与个人职业生涯有非常密切的关系，性格类型与职业的匹配程度决定职业生涯的成功与否。由于性格不同,每个人对待工作和职业的态度也会不同。如果一个人所从事的职业与自己的性格相吻合,工作起来就会得心应手,在职业生涯中就容易取得成功;反之,如果性格与职业不相适应,就会阻碍工作的顺利进行,使人产生倦怠、恐惧心理,其职业生涯发展就会遭遇波折。由于性格会影响个人职业生涯的成败,因此,大学生在进行职业生涯决策时,就要根据自己的性格来选择适合自己性格特点的职业。

❸ 能力

能力是人们顺利完成某项活动或任务的个性心理特征,能力总是和具体实践活动联系在一起的。能力是一个人能否从事某种职业、能否在职业生涯中顺利成长和获得成功的必要条件。任何职业都要求从业者掌握一定的技能,具备一定的条件。如果个人在进行职业生涯决策时,忽视自身能力的类型,选择与自己能力不匹配的工作,就会造成职业不适应感,很难取得职业生涯的成功。所以,大学生在进行职业生涯决策前,只有了解了自己所具备的能力,并尽量在自己能力允许的职业群中合理定位,才能够扬长避短,进行职业选择,从而实现职业生涯的成功。

❹ 价值观

价值观是指一个人对周围的客观事物(包括人、事、物)的意义、重要性的总体评价和看法。一个人的价值观是从出生开始,在家庭和社会的影响下,随着知识的增长和生活经验的积累而逐步确立起来的。具体到职业领域,价值观表现为个人对职业的认识和态度。职业价值观是人生目标和人生态度在职业选择方面的具体表现,对一个人的职业目标和择业动机起决定性作用。职业价值观,直接影响一个人的职业评价、职业判断和职业选择。一个人可以为了维持生计而工作,为了避免生活空虚而工作,为了完成父母的希望而工作,或者为了实现自己的梦想而工作。所以说,一种工作可能会具有多种意义,大学生在进行职业生涯决策前,要对自己的职业价值观进行必要的整理和排序,这样才知道如何取舍,进而在职业生涯的道路上越走越宽。

❺ 身心状况

身心状况是指个人的身体和心理状况与职业对其要求的特点是否适当的问题。身心是否健康对于个体在职业生涯能否取得成功十分关键,几乎所有的职业都需要健康的身心。对于某些人来说,他们的健康状况会束缚自己的职业选择,也或许会成为他们在职业生涯成功道路上的绊脚石。因此,大学生在校期间就要着重加强锻炼体质和培养健康的心理,并将其贯穿于整个职业生涯决策或规划的实施过程之中。

❻ 教育背景

教育是赋予个人才能、塑造个人人格,进而促进个人发展的社会活动。是否受过教育、受过何等程度的教育,对个人的职业生涯起决定性的作用。一般来说,具有较高教育程度的人，就业后会有较大的发展，再次进行职业选择的能力和竞争力也比较强。企业要找的是既受过正规教育，又具备某些个人发展潜力的人。因此，大学生在进行职业生涯决策时，既要考虑提高自己的教育层次，又要注意个人的能力发展。

7.2.2　社会因素

一般来说，社会因素有丰富的内容。除去当下政治、经济、科技发展形势的影响和用人单位的培养外，还包括个人的亲戚朋友等人际关系网络、在职业发展过程中可能获得的帮助、提高素质所需的学习机会和图书资料、成才的社会舆论、与职业生涯决策和发展等方面有关的制度与政策（如岗位培训制度，培训、考核与待遇相结合的制度）等。社会因素不是个人所能决定的，社会大环境对于同一时期的人来说，都是相同的；对同一单位的不同人来说，条件也是相同的，而其他社会条件的差异则可能较大。因此，大学生在进行职业生涯决策时，要充分考虑社会因素，并吸收、借鉴成功者的经验，寻求他们的帮助，以期更好地选择职业，最终实现职业成功。

7.2.3　其他因素

❶ 生活成长因素

个人的成长环境对其职业的选择和决策都有一定的影响。家长的职业是学生最早了解和感知的工作世界，不同的家庭成长环境、教育方式、家庭价值观及经济收入等，将间接或直接影响大学生的职业选择和职业决策。

❷ 工作环境因素

社会在不断发展变化，很少有人一辈子只干同一份工作。大学生进入工作环境后，工作地点的规模、工作性质、上级管理人员的性格，甚至因工作接触到的同事、朋友都会给人带来不同的体验，职业成功的概率也大不相同，有人会因此取得职业成功，也有人会灰心丧气甚至离职。大学生进入社会后需要根据工作环境重新对自己做一个职业规划，在合适的时机作出适当的职业决策。

7.3　职业决策的方法

人们每天都会面临各种选择，从早上几点起床、穿什么衣服、一天的工作安排诸如此类的生活琐事，到升学、就业这样的重大事情，都要作出决策。职业决策是职业生涯规划中的关键环节，其目的是制订适合个人的职业生涯发展方案。每个人的职业生涯都是自己选择的结果，在职业决策过程中，绝对不能草率盲目，必须经过认真审慎的思考和研究。大学生应该学会将一些理性的方法运用到职业生涯决策中，本节将介绍以下几种决策方法。

7.3.1 SWOT分析法

SWOT分析法最早是由美国旧金山大学国际管理和行为科学教授海因茨·韦里克提出来的，现在被广泛应用于市场营销管理、战略制定等领域。SWOT由4个英文单词的第一个字母组成，分别是优势（Strengths）、劣势（Weaknesses）、机会（Opportunities）和威胁（Threats）。其中，S、W为内部因素，O、T为外部因素，通过四个维度的分析能很好地将个人目标、内部条件和外部环境有机结合起来。

SWOT分析法可以分为两部分：第一部分为"SW"，主要用来分析个人条件；第二部分为"OT"，主要用来分析外部条件。个体通过自我认知及评估自身所处的职业环境，分析自身的优势与劣势，外部职业社会的机会和威胁，构建自身的SWOT矩阵。个体职业决策的SWOT矩阵如表7-1所示。

表7-1　个体职业决策的SWOT矩阵

因素	SWOT的四个维度	
内部因素	优势，指个体可利用的内在积极因素。 （1）学习成绩优异，学习能力强 （2）扎实的专业知识和技能 （3）丰富的实习实践经验 （4）优秀的可迁移能力（如较强的沟通能力、组织策划能力等） （5）积极的人格特质（如较强的抗压能力、适应能力、创新意识，积极主动、有责任心等） （6）较强的发现问题、分析和解决问题的能力	劣势，指对个体不利的内在消极因素。 （1）学习成绩差，学习能力不强 （2）缺乏专业知识和技能 （3）较少实习实践经验 （4）不具备良好的可迁移能力（如沟通能力、组织策划能力较弱等） （5）消极的人格特质（如较弱的抗压能力、适应能力、创新意识，消极被动、缺乏责任心等） （6）发现问题、分析和解决问题的能力较差
外部因素	机会，指个体不可控但可利用的外部积极因素。 （1）有利于行业发展的积极政策 （2）经济稳定发展，就业机会增加 （3）再教育的机会 （4）专业晋升的机会 （5）专业发展带来的机会 （6）职业道路选择带来的独特机会	威胁，指个体不可控但可以使其弱化的外部消极因素。 （1）行业发展前景不佳 （2）经济波动，就业机会减少 （3）扩招导致同专业的大学毕业生增加，竞争激烈 （4）具有丰富技能、经验、知识的竞争者 （5）缺少培训、再学习造成的职业发展困境 （6）工作晋升机会有限或者竞争激烈

大学生在职业决策中，应该进行全面的SWOT分析，认识自己的优势与劣势，并分析和评估出在职业社会面临的机会与威胁。从内外因素的优劣势中直观地找出对个人有利的、值得发扬的因素，以及对自己不利的、要避免的问题，发现自身优势与外部机会契合点，进而明确以后的职业发展方向。在实际操作的过程中，可参照以下3个步骤。

（1）评估自己的优势和劣势。知道自身优势是什么，并将自己的学习、工作和事业发展都建立在这个优势之上。具体来说，就是要知道与他人相比，自己在哪些方面是具有竞争优势的，包括专业技能、性格特质、能力等各方面。发现劣势与发现优势同等重要，在找出自身优势的同时，也要认识自己的劣势与不足，其作用在于放弃那些自己不擅长的、能力达不到的职业，在完善自我的过程中提高自身素质。

（2）分析自己面临的职业机会和威胁。任何行业在发展的过程中，其机会与威胁都是并存的，这在很大程度上会影响个体职业生涯的发展。通过对外部职业环境进行全面、系统的研究，在职业决策时尽量把握发展机会，迎接挑战。

（3）确立自己的中长期职业目标，根据目标制订相应的发展战略、行动方案。大学生想要达到职业目标，需要充分考虑外界环境给我们提供的优势，把自己的职业目标具体化。比如，把具体职位、薪资水平或具体创造的社会价值和财富量化，以进一步整合职业发展的内外条件，从而找到最优的发展路径。

在职业决策过程中，SWOT分析法能够对个体内部因素和外部职业环境进行全面的分析，不仅可以帮助大学生寻找目标方案，还能验证方案的可行性，有利于个人与职业环境的平衡和优化，有利于个体职业生涯的可持续性发展。总体来说，SWOT分析方法在实际运用中具有较强的操作性和合理性，是职业决策的有效途径。

 练习

作为大一新生，对于毕业后是继续读研还是找工作是否感到迷茫？如果你还没有清晰的目标，请根据SWOT分析法，认清个人的优势和劣势，分析外部的机会和威胁，参照表7-1的矩阵罗列出来，综合研究个人适合考研还是找工作，进而制订相应的行动方案，努力实现目标。

7.3.2　CASVE循环决策法

CASVE循环是一种职业生涯规划决策技术，由5个环节构成，分别是沟通（Communication）、分析（Analysis）、综合（Synthesis）、评估（Valuing）、执行（Execution），5个英文单词的首字母缩写为"CASVE"，构成了决策的循环，如图7-1所示。

❶ 沟通

个体意识到职业理想与现实之间存在差距，产生了职业选择的需要，这是决策的开始。如果没有这种意识，就不会有后面的步骤。比如，很多大学新生认为职业规划是毕业生才要考虑的事情，与自己无关，那么就不会有职业决策的需求。个体

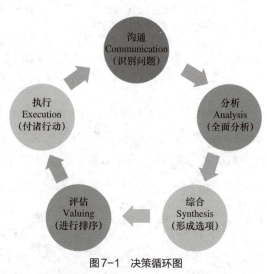

图7-1　决策循环图

一般通过内部或外部交流途径获得职业理想与现实之间存在差距的信息。内部沟通包括情绪信号，例如不满、厌烦、焦虑和失望，还有身体信号，如昏昏欲睡、头痛、胃部疾病等。外部沟通包括父母对你的职业规划的询问，同事、朋友对你的职业评价，或者新闻里关于你的专业正在逐渐过时的报道。这时，我们会思考和探索问题，如自身的需要以及寻求解决问题的办法，这个阶段称为沟通阶段。

② 分析

通过前一阶段的沟通与思考，对自身需求进行观察和研究，将问题的各部分联系起来，对现状进行分析，个人会逐渐意识到解决问题的办法。具体而言，职业生涯规划需要建立在对自身兴趣、性格、能力和价值观等自身条件和各种外在环境分析的基础上。意识到这一问题后，需开始分析现实情况与理想状态之间的共性和差距。

（1）自我分析。自我分析主要包括兴趣、性格、能力和价值观等，探究这些个人问题，可以对自身进行有效的分析和了解，可以参考以下问题。

①我对什么事情感兴趣？

②我擅长做什么？

③我看重什么？

④我掌握了哪些专业知识？

⑤我的核心优势是什么？

⑥我最看重工作能带给我哪些东西？

⑦我希望达到的目标是什么？

个体需要充分思考和研究，全面了解自身的情况，只有找到个人的实际需求，才是真正意义上的认识自我。

（2）环境分析。在认识自我的基础上还需要对职业环境因素进行分析。落实到职业生涯规划上，大学生应该将了解环境与了解自我放在同等重要的地位上，可以从以下问题进行思考。

①我希望在什么样的职业环境中工作？

②环境允许我往哪些方向发展？

③所学专业对口的行业环境如何？

④我该怎样适应环境？

⑤我能创造和改变哪些环境因素？

⑥我有没有足够的能力抓住环境带来的机会？

在这一阶段，个体通常会改善自我知识，不断了解职业世界，尽可能了解造成差距的原因。分析阶段还需要把各种因素和相关知识联系起来，例如，把自我认识和职业选择联系起来；把家庭和个人生活的需要融入职业选择中。

❸ 综合

该阶段主要是根据分析阶段得出的信息，制定消除差距的行动方案。其核心任务是确定解决问题的方法。通过对自身和环境的了解，可以得出许多符合自身需求的职业方向，将这些职业都列出来，逐步缩小目标的范围。首先，尽可能多地找到消除差距的方法，发散地思考每一种办法。然后，对每种方法进行思考，缩小有效方法的数量，通常确定3～5个选项，这是常人头脑中最有效的记忆和工作容量。

❹ 评估

经过综合阶段得到一组职业选项，接下来需要对这些选项进行评估。主要从可行性和满意度对职业选项进行详细的评估，每一种选择都要综合考虑对自己和对他人的影响和利益两方面进行评价，并综合物质上和精神上的因素。最后，对各个选项进行优先度的排序。

❺ 执行

执行是CASVE循环的最后一个阶段，是将思考转换为行动的过程，其他任务和内容都是为这个实施环节服务的。在执行过程中，不仅需要制订相应的计划，还需要积极地实践，付诸具体行动。需要注意的是，执行后还需要进行评估，如果没能达到理想要求，可以再次回到沟通阶段，开始新一轮的决策过程。

7.3.3　决策平衡单

本节将带领大家一起学习、了解、熟悉决策平衡单，以及如何制作一份自己的职业生涯决策平衡单，从而为自己的职业生涯乃至未来人生作出正确的决策。

决策平衡单，所指的是在确定职业生涯倾向性之后，利用表单的方式来帮助咨询者系统性地分析每一个选项存在的可能性，并对各选项进行判断，将其中的利弊都分析清楚后，根据其利弊得失上的加权积分针对各选项进行优选顺序的排列，然后执行最好的或者偏好的项目。在进行职业生涯决策时，会用到生涯决策平衡单工具，根据现有的理论，该工具的左侧为权衡决策的主要项目，通常分为个人→他人→物质→精神这4个环节。

❶ 个人支持系统

所谓的个人支持系统，就是表明你在社会方位的立足点，其中就包含了7个模块，分别为学习成长、健康生活、事业帮助、家庭和谐、个人偏好、财富增长及人脉积累等方面，其中各个模块还有若干的子模块，比如学习成长中包含培训计划、学习运用等；健康生活包含成就感、思想健康、身体健康等。这个系统基本能确定你当前是怎样的人，你能干些什么，你要做什么及其目的，能更为清晰地疏通你所掌握的，能更容易地寻找到自身不足的地方，以及与未来期盼所存在的差距。

❷ 职业生涯规划决策平衡单的制作

不管针对哪一张表单，其具体显示都包含了纵坐标和横坐标。纵坐标中引入个人支持系统，横坐标上要填上需要作出决策的内容，通常在职业生涯规划中所指的是你对未来规划的就业方向或者所选行业、岗位等方面。

职业生涯决策规划，根据分析阶段得出的信息，先把选择范围扩展开来，然后再逐步缩小，确定3～5个可能的选项。对于综合阶段得出的3～5个职业进行具体的评价，评估获得该职业的可能性，以及这个选择对自身及他人的影响，并进行排序，这样，就能形成一套完整的平衡单。

根据自身的情况，针对个人支持系统下各项因素来设置各自权重，分数通常为1～10分，1分表明最不看重，10分表明是最看重的；同时要考虑这些因素作用在横坐标职业方向内所呈现出来的得失程度（–1.0～1.0），–1.0表明这种因素是全失的，1.0表明全得；将各个因素的权重和相关的得失加权计分，最后得到每个职业选择的总分；根据总分来确定个体职业选择中的优先级，从而得到更适合的决定，完成该平衡单（职业生涯规划决策平衡单如表7-2所示）。

表7-2　职业生涯规划决策平衡单

考虑因素	选择项目（加权分数）	重要性的权数（1～5倍）	选择一 正（+）	选择一 负（–）	选择二 正（+）	选择二 负（–）	选择三 正（+）	选择三 负（–）
个人物质方面的得失	（1）收入							
	（2）工作的难易程度							
	（3）升职的机会							
	（4）工作环境的安全							
	（5）休闲时间							
	（6）生活变化							
	（7）对健康的影响							
	（8）就业机会							
	（9）其他							
他人物质方面的得失	（1）家庭经济							
	（2）家庭地位							
	（3）与家人相处的时间							
	（4）其他							

选择项目 加权分数 考虑因素		重要性的权数 （1～5倍）	选择一		选择二		选择三	
			正 （+）	负 （-）	正 （+）	负 （-）	正 （+）	负 （-）
个人精神方面的得失	（1）生活方式的改变							
	（2）成就感							
	（3）自我实现的程度							
	（4）兴趣的满足							
	（5）挑战性							
	（6）社会声望的提高							
	（7）其他							
他人精神方面的得失	（1）父母							
	（2）师长							
	（3）配偶							
	（4）其他							
加权后合计								
加权后得失差数								

决策平衡单填写步骤如下。

（1）确定你可能的职业发展方向，如你有在医院工作、在企业工作、继续升造三个方案。

（2）将所考虑的方案填写到平衡单相关的项目中。

（3）对于个人物质方面的得失一栏，要从自身对职业选择的重要性和迫切性来衡量，给予它加权分数，加权范围为1～5倍，完成加权分数的填写。如果加权分数很大，表明你更加注重该项要素。

（4）打分。考虑各个方案的要素并打分，优势属于得分，劣势属于减分，其计分规范为1～10分。

（5）计分方法。掌握各项的得分和失分，将其乘以加权分数，最后会得到加权后的得分或者失分，分别计算总和，然后将加权后的得分总和减去加权后的失分总和，得到"得失差数"，根据该分数来完成最后的决定，也就是针对几个选择方案的比较来获得得失差数，如果得分更高，表明这项职业方案更适合你。

❸ 制作一份自己的职业生涯规划决策平衡单

明确选择，排出顺序（潜在生涯），为每个选择填写职业生涯规划决策平衡单，如表7-3所示。

表7-3　个人职业生涯规划决策平衡单

项目	各项考虑因素
自我物质得失	
他人物质得失	
自我精神得失	
他人精神得失	

案例

江丽的职业生涯规划决策平衡单

基本情况：江丽（化名），女，"00后"，某中医药大学护理学院护理专业大三学生，学院学生会干部，组织能力强，性格活泼，善于与人交往。还有一年就要毕业了，她考虑自己的职业有三个发展方向：医院护士、健康医疗市场销售总监、考研究生继续深造。以下是她的具体想法。

方向一：医院护士

江丽认为这个职业是她的本专业，存在最大的专业优势，工作相对来说也比较稳定，但是现在不好就业，想要获得编制也难，最多也就只能去县一级的医院任职。

方向二：健康医疗市场销售总监

江丽希望用5～10年的时间实现这个目标，认为这个职业符合自己的要求，并且她利用寒暑假、平时周末做过销售类的兼职。江丽认为只要做好规划，就可以通过努力工作来实现目标。

方向三：考研究生继续深造

江丽的父母都是医院的医生，他们希望江丽能够继续深造，毕业以后去省一级的医院做护理工作。但是江丽认为虽然医院护士工作稳定，但她并不喜欢护士这份工作，且研究生考试也有一定的困难。

表7-4是江丽的职业生涯规划决策平衡单。

表7-4　江丽的职业生涯规划决策平衡单

考虑因素 / 选择项目 / 加权分数	重要性的权数（1～5倍）	医院护士 正(+)	医院护士 负(-)	市场总监 正(+)	市场总监 负(-)	考研究生 正(+)	考研究生 负(-)
个人物质方面的得失 （1）符合自己的理想生活方式	5		3	9			5
（2）适合自己的处境	4	8		9		7	
（3）有较高的社会地位	3	5			3	9	
（4）工作比较稳定	5	9			9	9	
（5）其他							
他人物质方面的得失 （1）优厚的经济报酬	4	5		8		9	
（2）足够的社会资源	5	8		7		9	
（3）其他							
个人精神方面的得失 （1）适合自己的能力	4	8		9		7	
（2）适合自己的兴趣	5	5		9			8
（3）适合自己的价值观	5	6		6		5	
（4）适合自己的个性	4	7		9		6	
（5）未来发展空间	5		3	8		9	
（6）就业机会	4	3		8		9	
（7）其他							
他人精神方面的得失 （1）符合家人的期望	2	6		5			9
（2）与家人相处的时间	3	7		4			9
（3）其他							
加权后合计		312	30	399	54	384	65
加权后得失差数		282		345		319	

经过该平衡单的决策以后，江丽决策方案的得分为：健康医疗市场销售总监＞考研究生继续深造＞医院护士。通过整体的平衡，发现健康医疗市场销售总监更加适合江丽。在选择职业时，她比较注重的是：是否适合自己的兴趣点、职业价值观，职业未来发展形势，是否符合自己理想生活的需求等几个层面。

请使用CASVE循环来分析你曾经作出的一个重大决定和现阶段面临的职业决策问题，可以参考以下问题进行。

（1）你是怎样意识到自己的需求的？

（2）你是如何分析这个问题、收集相关信息（包括关于你自身及问题解决的信息）的？

（3）你是如何形成解决方案的？以你今天的眼光，你是否能看到其他不同的可能性？

（4）你是如何在不同的解决方案之间做选择的？你的选择标准是什么？

（5）你是如何落实行动方案的？过程是否满足你的预期？

（6）你怎样评价自己当时的决策过程？你对结果感到满意吗？如果不满意，是哪个步骤出现了问题？

（7）如此分析了5个重大决策的过程之后，你对于自己的决策模式有了什么新的了解？这对你处理现阶段所面临的职业决策问题有什么指导意义？

CHAPTER 08

第8章 生涯规划管理

案例导入

　　李丽（化名）是一位大一音乐治疗专业的学生，她在大一第一个学期与班里其他同学一起学习了《大学生职业生涯规划》这门课程，她非常喜欢这门课程，通过这门课程的学习，她明白了职业生涯规划的重要性。同时，通过课堂上老师的引导，她完成了自我探索，其中兴趣探索中的霍兰德职业兴趣类型显示她是"SAE型"，也就是"社会型＋艺术型＋常规型"；性格探索MBTI显示她是"INFJ型"，也就是"内倾＋直觉＋情感＋判断"；能力探索显示她具有较好的沟通能力、讲授能力和学习能力；价值观探索显示她看重的价值观是亲情和社会地位。通过工作世界的探索，她了解到自己所学的专业以后可以从事心理咨询师、教师、心理医生等职业，也可以选择自己创业开设教育培训机构。

　　李丽运用自己在课堂上所学习到的决策方法，首先用SWOT法对自己的优势和劣势进行了全面的分析，接下来她又运用"职业生涯规划决策平衡单"帮助自己确定了未来的职业方向。通过以上探索，李丽发现自己未来更倾向于从事教师这个职业，那接下来她该怎么做呢？李丽找到了老师寻求帮助。

　　老师听完李丽的介绍以后，建议她开始设计自己的职业生涯规划书。老师告诉她，在人生的道路上，不光需要克服艰难困苦的勇气，更需要指引航向的明灯，而职业生涯规划书就是这盏明灯。

8.1 如何撰写职业生涯规划书

　　在客观认知自我、科学分析环境、合理定位目标、精准规划路线的基础上，为自己量身定制一份可执行、可操作的职业生涯规划书，必将使职业的发展如虎添翼。

8.1.1　职业生涯规划书的撰写

职业生涯规划书是将实现个人职业理想进行抉择和思考的过程，职业生涯规划的内容、步骤、过程等进行系统整理、详细记录、规范书写，为自己的职业生涯提供方向指引和评估修正的蓝本。职业生涯规划书具体包括以下内容。

❶ 封面

封面包括个人基本信息，例如：学校、姓名、性别、专业、班级等。

❷ 引言

引言主要阐述生涯理念，即规划的目的、意义等。

❸ 自我认知

（1）个人职业兴趣分析。结合自我评估、他人评估和运用霍兰德职业兴趣理论进行分析。

（2）个人职业性格分析。结合自我评估、他人评估和运用MBTI人格类型理论进行分析。

（3）个人职业价值观分析。结合自我评估、他人评估和本书第5章介绍的职业价值观探索的方法进行分析。

（4）个人职业技能分析。结合自我评估、他人评估和本书第4章介绍的技能探索的方法进行分析。

（5）小结。通过自己，他人和专业测评，结合对个人职业兴趣、性格、能力、价值观4个方面的分析，对"自我认知"环节进行小结。

❹ 工作世界探索

结合本书第6章探索工作世界的方法和路径，从行业发展趋势和职业发展通道进行工作世界探索。

❺ 职业定位和目标设定

（1）SWOT分析。结合"自我认知"和"工作世界探索"的结果，运用SWOT理论分析个人职业发展的内、外部环境。

（2）目标设定。通过SWOT分析结果，明确职业定位，确立职业目标和学业目标。

（3）小结。通过时间轴简要总结职业目标和学业目标。

❻ 目标实施方案

（1）短期计划。包括时间维度、核心目标、具体目标。

（2）中期计划。包括时间维度、核心目标、具体目标。

（3）长期计划。包括时间维度、核心目标、具体目标。

（4）小结。从短期、中期、长期三个阶梯计划的逻辑性、可行性方面对"目标实施方案"环节进行小结。

❼ 评估与修正

（1）评估。主要明确评估的时间、内容、方式、结果等。其中，评估频率宜每半年或一年开展一次；评估内容包括职业目标、职业生涯路线、实施措施与计划、其他因素等；评估方式包括自我评估、他人评估（领导、师长、朋友等）、单位评估；评估结果包括达到目标或未达到目标。

（2）修正。主要明确修正的影响因素、内容和方法。

（3）小结。简要概述评估修正的意义和作用。

❽ 结语

言有尽而意无穷。一段感谢他人、激励自己的结束语，使职业生涯规划书结构完整、内容饱满。

8.1.2　撰写职业生涯规划书的误区

通过梳理、分析近年来江西中医药大学学生撰写的职业生涯规划书，发现规划书的质量日益提高，但也仍然存在些许问题，主要归纳为以下6点。

（1）书写格式不规范，书写内容不完整。常见问题主要如下。

①前后文字体、字号不统一，行间距、段落缩进等不统一。

②体例不完整，没有完全按照职业生涯规划书的几大要素逐一阐述清楚。

（2）"自我认知"环节主观性评价居多，专业测评结论偏少。常见问题主要如下。

①自我、他人主观评价占据大量篇幅，且自我优点评价占据大量篇幅，自我缺点评价三言两语带过。

②专业测评工具使用较少，且测评的结果分析叙述不翔实、逻辑性差。

（3）"工作世界探索"环节泛泛而谈居多，针对性分析偏少。常见问题主要是，多从宏观角度阐述国家政治经济环境、当前就业形势与政策，未深入分析本专业、本行业、本职业的特点、要求、发展前景等。

（4）职业定向不清晰、不明确，职业目标不符合实际。常见问题主要如下。

①"职业定向"与"自我认知""工作世界探索"的结论不贴近，甚至相矛盾。

②职业目标定位过高或过低，要么好高骛远，要么妄自菲薄。

（5）目标实施计划过于简单或过于详细。常见问题主要如下。

①实施计划注重核心目标、具体目标，忽略行动措施。

②实施计划过于简单粗略，以致无法执行落实；或过于详细繁杂，以致变成日程表。

（6）弱化评估修正的作用，敷衍了事。常见问题主要如下。

①从思想上忽视评估修正的环节，只言片语，草草收场。

②修正方案与评估结果缺乏逻辑性和统一性。

【职业生涯规划书范本】

引言

时光飞逝，万物变迁，蓦然回首，自己已身处象牙塔，这里是梦想启航的地方，人生理想、职业理想将从这里起步。

理想就像远方的一座灯塔，照亮你前进的道路，但理想和现实之间需要一座桥梁，把它们连接在一起，即通过职业生涯规划，以阶段性的小目标，落实在具体的计划中，然后身体力行，积极实践，这样才会距离成功更近。在理想实现的道路上，生涯规划就像一个指南针，指引人前进的方向，使我们不再迷茫。

在朝着自己理想进发的过程中，在实施自己生涯规划的计划时，应该谨记自己的生涯理念——看准目标、一往无前、坚持到底。

一、自我认知

苏格拉底曾自问："什么是哲学？"他的回答是"认识你自己"。恰当地认识自我，实事求是地评价自我，是个人成功的重要因素之一。

（一）自我评估

（1）我的性格特点：乐观、正直、内敛、严谨。

（2）我的兴趣爱好：写作、听音乐、看书。

（3）我的能力与素质特点：动手能力强、适应能力强、具有协作精神。

（4）我的价值观：追求完美、乐于助人、爱人爱己。

（二）他人评估

（1）家人：勤奋刻苦、争强好胜、坚持己见。

（2）老师：有责任感、善于思考、自信阳光。

（3）同学：勤劳认真、谦虚温和、热爱生活。

（4）朋友：开朗阳光、勇敢坚强、细心耐心。

（三）专业测评

1.个性特征——我适合做什么

（1）个性特征测试建立在 MBTI 人格类型理论框架基础上，即 4 个维度，8 个因素（外倾 E、内倾 I，感觉 S、直觉 N，思考 T、情感 F，判断 J、感知 P），每个维度中得分较高的因素为自己外显的人格类型，四个维度的外显人格类型组成自己的个性特征。

（2）我的人格类型是：ISTJ——内倾、感觉、思考和判断。该人格类型基本特征是沉静、认真、贯彻始终、得人信赖；讲求实际，注重事实，有责任感；坚定不移，不会因外界事物而分散精神；以做事有次序、有条理为乐；重视传统和忠诚。

2.职业兴趣——我喜欢做什么

（1）本职业兴趣测试建立在霍兰德职业兴趣理论基础上。霍兰德把职业兴趣分成6种类型：实用型、研究型、艺术型、社会型、企业型、事务型。任意一种职业兴趣代表一种职业人格典型类型，得分最高的3种类型即为自己的职业兴趣类型，表明了自己喜欢从事与之相关的职业。

（2）我最感兴趣的职业类型是：SAC——I研究型、S社会型、C常规型。

研究型I：喜欢探索和理解事物，喜欢学习研究那些需要分析思考的抽象问题，喜欢阅读和讨论有关科学性的论题，喜欢独立工作，对未知问题的挑战充满兴趣。

社会型S：喜欢与人合作，热情关心他人的幸福，愿意帮助别人成长或解决困难、为他人提供服务。

常规型C：喜欢固定的、有秩序的工作或活动，希望确切地知道工作的要求和标准，愿意在一个大的机构中处于从属地位，对文字、数据和事物进行细致有序的系统处理以达到特定的标准。

3.职业技能——我能做什么

（1）本职业技能测试建立在能力倾向测验基础上，同时对标全美高校和雇主协会（national association of colleges and employers）对美国雇主们最为重视的技能和个人品质排序的调查结果。

（2）我的优势职业技能是：沟通能力；团队协作精神；适应能力；专业技术；工作道德。

4.职业价值观——我为什么而工作

（1）根据价值清单的探索活动，我的职业价值观取向是：自由型、自我实现型、技术型。

（2）自由型：不受别人指使，凭自己的能力拥有自己的小"城堡"，不愿受人干涉，想充分施展本领。自我实现型：不关心平常的幸福，一心一意想发挥个性，追求真理，不考虑收入、地位及他人对自己的看法，尽力挖掘自己的潜力、施展自己的本领，且视此为有意义的生活。技术型：认为立足社会的根本在于一技之长，因此钻研一门技术，认为靠本事吃饭既可靠又稳当。

（四）职业规划总体评估

本测评对自己的个性特征、职业兴趣、职业价值观、职业能力进行了综合全面的评估，各方面的综合评估结果是：自己的个性特征属于内倾、感觉、思考和判断；感兴趣的职业类型是I研究型、S社会型、C常规型；在职业发展中比较看重的价值观是自我发展取向、社会价值取向、人际关系取向；具有优势的职业技能是沟通能力、团队协作精神、适应能力、专业技术、工作道德。

根据这些测评结果，综合考虑各种职业的特征及其对从业人员的不同要求，以下职业比较适合自己未来的发展：

（1）医生；（2）教师；（3）科研人员；（4）工程师。

（五）小结

通过自己、他人及专业测评，自己的性格特征基本和兴趣爱好一致，因此，我把医生作为我理想的职业，符合我的职业生涯规划要求。

二、工作世界探索

（一）行业的发展趋势

近年来，国家出台系列相关政策支持传统中医药的创新和发展，将中医药发展列入国家发展战略，大力发展中医药已经成为业界的共识。《中华人民共和国国民经济和社会发展第十四个五年规划和 2035 年远景目标纲要》指出：要坚持中西医并重和优势互补，大力发展中医药事业，健全中医药服务体系，发挥中医药在疾病预防、治疗、康复中的独特优势。当前，"健康中国"已上升为国家战略，人民群众对健康的需求日益增长，国家着力推动中医药振兴发展，江西省更是提出"中医药强省"战略，中医药正面临着前所未有的发展机遇，越来越受到广大人民群众和国际社会的欢迎和认可。

（二）职业发展的通道

在中医药院校中，临床医学类专业是一门实践性很强的应用科学专业，致力于培养具备基础医学、临床医学的基础理论和医疗预防的基本技能，具备较强的中医文化底蕴，系统掌握扎实的中医基本理论、针灸推拿学基本知识及基本技能，具有较强的中医思维与专业实践技能，能在医疗卫生单位、医学科研等部门从事医疗及预防、医学科研等方面工作的医学高级专门人才。

研究生扩招也向临床医学倾斜，考研机会较其他专业更大。毕业后，可在中医医院、综合性医院及社区医院等各级医疗卫生机构从事临床工作，以及预防、保健、康复工作；也可在中、高等医药院校、研究所从事中西医临床教学、科研、管理及对外交流等工作；也可自主创业、开办诊所等。

中医临床专业的技能证书考试主要为中西医结合执业医师、中医执业助理医师、中医执业医师、中医按摩师、康复治疗师、健康管理师等考试。

毕业后能从事的职业主要有：医师（分为专科医生、全科医生）、康复治疗师、药剂师、健康管理与咨询师、医学编辑等。

三、职业方向定位和目标设定

每个人在进行职业生涯规划时都要给自己进行准确而合理的定位，如果定位有偏差甚至定位错误，那将给自己的职业发展带来损失甚至灾难。

（一）个人职业发展内、外部环境SWOT分析

	个人优势（S）	个人劣势（W）
内部环境分析	我对医生这个崇高的职业有着莫名的兴趣，我的家人、老师、同学、朋友们都认为我有当医生的天赋，并且我是一个认真严谨、耐心细心、富有责任感的人	目前我就读的是中医药院校，相比西医院校，我可以执业和就业的范围略窄，我必须要比别人付出更多的努力才能顺利成为一名医生
	发展机会（O）	职业威胁（T）
外部环境分析	"健康中国"已上升为国家战略，人民群众对健康的需求日益增长，国家着力推动中医药振兴发展，江西省更是提出"中医药强省"战略，中医药正面临着前所未有的发展机遇，越来越受到广大人民群众和国际社会的欢迎和认可。如："卓越医生教育培养计划2.0"，到2021年底建设完成600个左右医学本科一流专业建设点	当前大学生就业形势十分严峻，而且医生职业又受到很多毕业生的青睐，造成求职难上加难的局面；目前医患关系存在一些不和谐的因素

（二）个人职业发展定位

（1）个人职业目标：我希望以后从事医疗事业。

（2）职业发展策略：我希望以后能在三甲医院从事工作。

（3）职业发展路径：我希望以后走专家路线。

（三）目标设定

（1）2020年—2025年（18～23岁）完成本科学业，获取学士学位证、毕业证书。

（2）2025年—2028年（23～26岁）获得研究生入学资格，获取硕士研究生学位证、毕业证。

（3）2028年—2030年（26～28岁）成为一名住院医师。

（4）2030年—2035年（28～33岁）成为一名主治医生。

（5）2035年—2045年（33～43岁）成为一名副主任医生。

（6）2045年—退休（43岁至退休）成为一名主任医生。

（四）小结

我的大体路线是先拿到学士学位，再继续深造，拿到硕士学位。硕士毕业后，

我会努力进入一所理想的医院供职，我的发展路线是从住院医师到主治医生再到副主任医生，然后成为主任医生，最后争取成为专家。

<h3 style="text-align:center">四、计划实施</h3>

（一）名称：短期计划（现在至本科毕业）

（1）时间：从 2020 年—2025 年。

（2）主要目标：掌握相关专业知识，获取奖学金、相关证书，拿到毕业证和学位证。

（3）细分目标：大一，适应大学学习、生活环境，积极参加社团等活动；大二，考取英语四级证书和计算机二级证书；大三，争取入党，掌握专业知识，考取英语六级证书和普通话二级乙等证书、备考研究生入学考试；大四，认真实习，考研和求职两不误。

（二）名称：中期计划（大学毕业至毕业后 6 年）

（1）时间：从 2025 年—2030 年。

（2）主要目标：完成研究生学业任务，取得职业医生资格证，顺利进入医院任职。

（3）细分目标：硕士在读期间，巩固提高专业知识，积极参加社会实践，拓展兴趣爱好，利用空余时间到医院参加临床实习、见习，积极参与社区义诊等活动，积累临床经验；工作前 2 年，适应从学生到医生角色的变化，熟悉医院环境、病人，能力工作，积极参加各种岗位和技能培训，学会与病人沟通，向经验丰富的优秀医生学习，为从住院医师到主治医师奠定坚实的基础。

（三）名称：长期计划（退休之前）

（1）时间：从 2030 年—2045 年。

（2）主要目标：由主治医生成为主任医生，最后争取成为专家，成为病人心中有高尚医德、精湛医术的好医生。

（3）细分目标：2030 年—2035 年，熟悉职称评聘标准，研究病例，提升医术和自身专业素养，参加青年医生技能比赛；2035 年—2045 年，不断提升自身的业务能力，塑造自己的品德素养；理论联系实际，针对某个病例，制订出一套自己独特的治疗办法；提升自己的学历和科研水平；2045 年至退休，临床与科研相结合，更专注理论研究，发表高质量的医学文章，取得具有应用、推广价值的科研成果，拓展视野，参加国际医学论坛和协会。

（四）小结

以上短期、中期与长期 3 个职业目标，从低级到高级，具有连续性和递进性。

从医生职业的能力要求、医生职业生涯发展路线设置合理性来说，是逐层递进的；从我个人的职业兴趣、职业能力、职业价值观来分析，也是逐级递进的；并且以上3个阶段的规划具有可执行性和操作性，它不仅会不断提升自我的能力和竞争力，而且还会不断扩大自我对医生行业和对社会的贡献，真正做到个人理想同国家、社会的需要紧密相连，进而实现人生的价值。

五、评估与修正

在职业生涯发展的过程中，我们要适时对职业生涯规划的方案进行微调，可以是定期评估修正，也可以是不定期评估修正。因为万事万物都是不断发展变化的，只有适时地进行评估修正，才能保证职业生涯规划的科学性与可行性。

（一）评估与反馈途径

方式	内容	途径
自我反馈	每天的学习、工作任务是否完成	根据每天的计划对照检查
	每周的学习、工作任务是否完成	根据每周的计划对照检查
	每月的学习、工作任务是否完成	根据每月的计划对照检查
他人反馈	家人对我的学习、工作情况是否满意	根据家庭成员的反馈
	老师对我的学习情况是否满意	根据平时成绩和老师态度
	朋友、同学对我的计划是否支持	根据朋友、同学的反馈
医院反馈	病人对我的工作是否肯定	根据病人的康复情况
	同事对我的业绩是否肯定	根据与同事的相处和协作情况反馈
	职务职称、待遇是否提高	根据得到肯定的程度

（二）修正

（1）修正需要：预定时间内达不到预期目标。

（2）修正内容：职业的重新选择；职业生涯路线的修正；人生目标的修正；实施措施与计划的修正。

（3）修正方法：考虑个人因素、社会环境因素、工作环境因素的变化，结合最新需求，排除干扰、抓住重点，然后作出修正决策。

（三）小结

虽然自己的职业生涯规划已经完成，但计划始终赶不上变化，因此我会根据客观环境的变化，根据职业生涯目标的阶段性实现与反馈不断修正自己的职业生涯规划，以求最大程度减少实现职业生涯目标途中的障碍，以期达到事半功倍的效果。

（四）备选方案

（1）方案一：硕士毕业→志愿者→住院医师→主治医生→副主任医生→主任医生。

（2）方案二：硕士毕业→康复治疗机构等→住院医师→主治医生→副主任医生→主任医生。

六、结束语

通过撰写这份职业生涯规划书，我对自己有了更深层、更全面的了解，对职业形势和专业形势有了更多更广的了解，对自己未来职业目标和职业路径也有了更清晰的认知。在职业生涯规划书撰写接近尾声时，我突然想起了《真心英雄》这首歌：把握生命里的每一分钟，全力以赴我们心中的梦，不经历风雨怎么见彩虹，没有人能随随便便成功……虽然这是一首老歌，但歌词的精神却永远不会老去，我将怀揣着这种精神，看准目标、一往无前、坚持到底，实现人生理想。

8.2 学业的管理

8.2.1 大学生学习中的几个常见问题

对于初入大学的学子来说，往往会产生一时的失落感，缺乏前进的动力，表现为厌学、浮躁、盲目地参加社会实践等，常见的问题可归纳为：学习目标缺失、学习心态功利化、学习方法不科学等。

❶ 学习目标缺失

学习是有目标的活动，目标决定着学习方法的选择、学习时间的安排和学习资源的投入。目标的设立有利于帮助学生明确学习意向性，形成详细的学习计划。有调查表明，绝大部分大学生都经过学习目标缺失的阶段。学习目标有长期目标和短期目标之分，大学生要根据时代发展、社会需要和个人特点制订出符合个人发展的长期目标，再具体细化和分解到学期、学年等短期学习目标。

❷ 学习心态功利化

部分学生缺乏学习的主动性和积极性。上大学的目的简化到只要能领毕业证就好，出现了"考试只要及格就行"的消极应付现象。当学校缺乏精神上或者物质上的激励时，学生缺乏应有的学习动力。一些大学生还存在着急功近利的浮躁心态和功利化的思想，难以做到学有所成、学有所用。大学生是祖国的未来，让学习成为自觉的行动，在行动中发现乐趣，在过程中获得满足，提升自我、完善自我、超越自我，这才是学习的本真要义。

❸ 学习方法不科学

学习方法是指在学习过程中获取知识、驾驭知识的手段与方式，正确的学习方法是成功的捷径。与中学阶段的学习相比，大学阶段的学习在学习内容、学习方法等方面发生了较大变化，每个大学生根据所学专业和内容不同等具体情况不同，学习方法也是多种多样的。大学生进入大学后碰到的一个普遍问题，就是学习方法的不适应。那种老师天天陪伴、督促，被动接受知识的中学学习方式，在进入大学以后，面对生活需要自理、学习需要自主、大量的时间需要自己安排等情形，就会不适应。

8.2.2　大学学习特点

大学生的学习是通过正式渠道系统获取知识和实践技能的过程，但大学生学习的特点有其特殊性。具体而言，大学生学习具有以下特点。

❶ 自主性

自主性是大学生与中学生学习的主要区别。大学生不止是单纯而又抽象的学习者，同时也是知识的解释者、生产者、传播者，甚至是创造者，正是这种地位转化，才形成了大学生学习的自主性。自主学习指的是学习者能够积极、主动地参与学习活动的过程，并能够对自己的学习进行积极、主动的控制与调节，是个体自主确定学习目标、制订学习计划、选择学习方法、评估学习效果的一种能力。新生进入大学后，应及时选择和掌握科学、有效的学习方法，加强自主学习能力的培养，逐步培养自己自主获取知识和信息的能力，尽快适应大学生活，有针对性地选择自己的教学目标，合理调整自己的知识结构和能力。

❷ 专业性

大学阶段是学生成长由"求学型"向"成才型""创造型"过渡的关键期，是步入社会前系统、集中、全面学习的最后阶段。高等教育是专业教育，学习具有较高层次的职业定性。专业性不仅体现在大学的学科体系、课程结构、教学内容、教学实践和学习方式方法上，而且还体现在培养大学生的知识结构、智力结构、能力结构和心理品质结构"四大结构系统"中。因此，专业性是大学生学习的显著特点之一。

❸ 多样性

随着互联网技术的发展，使得知识的获取更加轻松便捷，大学生获得知识不仅具有时间上的快速性，而且具有内容上的多样性。大学生可以根据自己的兴趣爱好选择自己感兴趣且接受度高的课程进行学习。随着目前慕课学习平台的普及和完善，大学生可以方便地选择自己感兴趣的学习课程。但是，不经筛选的海量信息很多时候也会使大学生产生难以抉择的焦虑情绪。另外，网络信息技术的快速发展、智能终端的普及，使得人与人之间的沟通变得更加简单，也正因为如此，大学生的学习状态容易被打扰，学习时间也很容易被割裂。

❹ 实践性

培养大学生的实践能力和创新精神是大学教育的目标和任务，也是社会发展对大学教育提出的客观要求。实践活动是大学生学习活动的重要组成部分，大学生除了掌握书本知识，完成课堂教学任务外，更要参加社会实践活动，突出实践性，在社会实践中检验知识、丰富知识、应用知识、深化知识、发展知识。

❺ 创造性

大学阶段是教育的高级阶段，大学的精神、大学的培养目标和教学内容及其教学模式决定了大学学习应该具有创造性。大学阶段是完成学生角色向社会角色转变的阶段，在这个阶段的大学生心智不断走向成熟，为最终走向工作岗位接受最后的系统教育，大学生在大学学习期间所获取的创造性学习能力，对于将来在实际工作中不断改造客观世界、促进社会不断发展具有重要意义。

❻ 开放性

开放性成为现代大学教育的一大特征，同时又是现代大学学习的一大特点。大学学习的内容是多方面的，它不局限于教学计划所规定的范围，注重知识量的积累、知识面的扩展、学科前沿动态的把握以及学生核心素养的培养。随着网络技术的发展和"互联网+"的兴起，大学课堂也发生了根本性的变化，由原来的有限空间转向无限，固定时间、固定空间的教学方式也逐渐被生活化学习、网络化学习、个性化学习所替代。

8.2.3　大学生应该培养的素质和能力

教育是培养人的社会活动，其核心是满足每个人充分学习和发展的需要，使每个人的潜能得到充分的发展。大学生应该着重培养基础素质。基础素质是指对大学生的全面发展起基础作用并决定专业素质发展方向、发展程度的素质与能力。在大学生基础素质教育的过程中，育人目标是要培养适应时代发展和社会进步需要的，具有较强的身心素质、思想素质、学习能力和思维能力等成功基本素质的，能够在社会中脱颖而出的、全面发展的实践型、创新型、创业型人才，如图8-1所示。全面发展主要包括道德高尚、

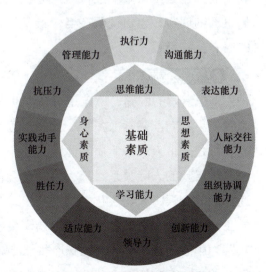

图8-1　大学生基础素质衍化图

才能突出、人格健全、身心健康。

（1）道德高尚，是指具有远大的理想和坚定的共产主义信念，树立了正确的世界观、人生观和价值观，以实现"两个一百年"奋斗目标和中华民族的伟大复兴中国梦为己任，富有强烈的社会责任感、高尚的道德品质和献身精神。

（2）才能突出，是指基础扎实、知识面宽、能力强（学习、思维、实践、创新、沟通等）、素质高，具有较强团队协作和实践创新精神等。

（3）人格健全，是指具有明确的奋斗目标、坚韧不拔的意志和高度自觉的行为准则、主动观察思考和积极探索的精神及优良的性格气质，摆脱依附性、功利性、困惑性、分裂性等人格倾向。

（4）身心健康，是指身体健康、精神健康，具有坚韧的意志力、过硬的心理素质和较强的社会适应能，在身心上能满足学生成长成才的需要。

❶ 身心素质

在教育过程中，心理素质的培养，尤其是意志力的培养非常重要。一个人的心理素质突出表现在意志力上，"古之立大事者，不惟有超世之才，亦必有坚忍不拔之志"。尤其是在当今社会各种诱惑面前，一个人要想获得成功，必须要有超强的意志力，只要认准目标，就要矢志不渝，哪怕经受挫折和磨难，不抛弃、不放弃，坚持到底，才能在坚持中得到锻炼，在坚持中不断成长，在坚持中获得成功。当代大学生都是2000年前后出生的"独生子女"，优厚的生活条件和家长的过分宠爱，使他们当中有一部分人心理素质不高，身体素质不佳，独立生活能力、自我管理能力、适应环境能力相对较差，缺乏克服困难的毅力、艰苦奋斗的精神。而且，随着社会变革的步伐和知识更新的速度不断加快，大学生中还普遍存在着浮躁情绪，急于求成、急功近利，而一旦遇到困难和挫折就灰心丧气、自暴自弃，甚至放弃生命。这些都是需要我们直面的现实，也更说明在当今大学生的教育和培养过程中，心理素质尤其是意志力的培养至关重要。

❷ 思想素质

思想素质的培养，重点是培养学生的奉献精神和服务意识。人生的真正意义在于奉献大小，而不是索取多少，大到对国家、集体的无私奉献，小到对他人的帮助和关心，都是一个人思想素质的体现。一个乐于奉献的人，一定能处理好集体与个人的关系以及自我的人际关系，那么也一定会得到集体的肯定和他人的欢迎。在市场经济高速发展的今天，人情淡化、利益至上，各种社会陋习不断冲击着大学校园。而许多大学生从小便被爱包围着，更多的是享受被爱，而不知道如何去爱别人，遇事都以"自我"为中心，追求另类、张扬个性，缺乏奉献精神和团队协作精神，有的甚至缺乏社会公德心。面对经济全球化、信息多元化的新趋势，一个人的知识和能力是微不足道的，而处理人际关系的能力和团队协作精神显得尤为重要，德才兼备，要以德为先。因此，在大学生的教育和培养过程中，要着重培养学生的奉献、敬业、诚信、宽容等优良品质，通过培养，学生要具有正确的人生观、价值观、世界观，并能以诚信为本，持乐观的态度，于己能自律、对他人能宽容，在岗位能敬业，对社会有奉献。

❸ 学习能力

学习能力的培养，重点是以下 3 个方面，一是培养学生的自学能力，引导学生养成良好的学习习惯；二是培养学生学习跨学科知识的能力，对天地海、经管法、艺史哲、数理化等不同学科知识都有很强的接受能力；三是培养学生对理论知识的实践运用能力，尤其是对跨学科理论知识的实践运用能力。众所周知，学习能力是人类生存发展的基本能力和基本保证，大学生的学习能力主要指自学能力、学习的自觉性和养成终身学习的习惯。在知识经济时代，科学技术迅猛发展，新知识层出不穷，要适应社会发展，跟上时代步伐，就必须不断学习新知识。只有增强大学生的学习能力，才能使其在一生中不断掌握新知识、新技能，才能保持良好的知识结构，才能获得可持续发展的能力。"授人以鱼，不如授人以渔"，在教授给学生专业知识的同时，更重要的是要教育学生提高获取知识的能力，特别是跨学科学习能力。

❹ 思维能力

思维能力的培养，重点是以下 4 个方面，一是逻辑思考的能力，能以概念、判断、推理等形式和比较、分析、综合、抽象、概括等方法提炼问题的本质和规律，具有思考的系统性；二是追问思考的能力，对一个问题能环环相扣逐步追问下去，具有思考的深度；三是多维思考的能力，从时间、空间、过程等多个维度进行系统的思考，具有思考的广度；四是动态思考的能力，即历史地、辩证地、发展地思考问题，避免孤立地、静止地、僵化地思考问题。通过培养，学生将具有较强的系统思维、逻辑思维、创新思维能力，能较好地发现问题、分析问题和解决问题。

8.2.4　大学学习的策略和方法

大学阶段，学生拥有较多自主安排的时间，学习资源十分丰富，大学生需要建立一套可用于发展自身核心竞争力的学习方法和策略。这样，一是可以对自己的学习活动做预先的计划安排；二是可以对自己的学习活动进行必要的自我监督、评价和反馈；三是可以对自己的学习活动进行不定期的适时调整、修正和控制。

❶ 掌握目标管理的策略

目标管理，是指个人通过分析自身的资源、特点和外部环境，制订出适合自己未来的目标，并将其分解为切实可行的计划，采取自我教育、自我激励和自我管理的方式实现目标的过程。大学生目标的设定与管理，应力求科学、有效、合理、务实。首先要正确地认识自己，充分分析自身的优势和劣势，正确评价自己的能力，明确未来发展方向，充分挖掘自己的潜能，做到扬长避短，重点突破。另外，目标的设立要具有可行性，目标太高难以达到，容易半途而废。大学生爱好广泛，往往希望能涉猎多个领域，但是每个人的精力都是有限的，在目标的设立上，在考虑覆盖面的同时也要考虑差异性，着重培养一两个跨学科的核心能力。所谓"千招会，不如一招精"，这样才具有显著优势，容易脱颖而出。比如学习药学的学生，能精通自媒体传播；学中医的学生，能精通数据挖掘等。建立比较优势，在交叉学科容易作出成绩，对以后升学和就业大有裨益。

❷ 科学运用时间管理的艺术

时间是最稀缺的资源，也是成就任何事业不可缺少的重要资源和限制性资源。所有成大事者，都必须是时间管理大师。时间管理是指为了提高时间的利用率和有效性，而对时间进行合理计划和控制、有效安排与运用的管理过程。时间管理的实质是自我管理，是对自己的时间资源进行有效、合理分配的过程。时间管理有很多范式，大学生可以从以下几个方面来进行。

（1）树立明确个人目标。时间管理要明确自己的目标，你集中时间要去做什么事情，这是时间管理首先要解决的问题。很多人之所以无所事事的原因，很大一部分就是因为没有目标，不知道要做什么事情。大学生首先要树立远大理想，然后详细列出具体目标，规划出可执行的线路，最终细化到每个时间节点要做的具体事宜，如表8-1所示。万丈高楼平地起，每一个大目标都可以分解成一个又一个小目标，这些小目标要细化到具体可执行的程度。

表8-1　个人目标树立表

我的理想	具体目标	实现路径	考核指标
	（1）	（1）	（1）
	（2）	（2）	（2）
	（3）	（3）	（3）

（2）做好时间规划。做好时间诊断，知道自己每天的时间使用情况，知己知彼方能百战不殆。首先是要如实地记录好时间，每天24小时里，各个时间段究竟在干什么，记录得越详细越好；其次是要分析时间的使用情况，做好分类，比如哪些是工作、学习时间，哪些是娱乐时间，哪些是开会做活动的时间，做好时间分析的目的是要找到哪些时间是浪费了的，哪些时间是效率低的，哪些事情是不需要自己去做的，哪些事情可以让别人去做的；最后是做好时间安排。做好大学规划，分清轻重缓急，先主后次、先急后缓、忙而有序、忙而有效，力争做到学习、生活、工作都不误。确定哪些事情自己必须马上去做，哪些事情可以不做。大学生可以根据重要紧急时间管理法则（如图8-2所示）规划自己的时间表（如表8-2所示）。

表8-2 时间规划表

记录时间	分析时间	规划时间	实施措施	反馈
（1）	（1）	（1）	（1）	（1）
（2）	（2）	（2）	（2）	（2）
（3）	（3）	（3）	（3）	（3）

（3）合理利用假期。寒暑假、周末以及一些法定节假日成为大学生的"休闲"时光。初步计算，除去以上节假日时间，学生在校期间不超过160天（占全年天数的44%），也就是有205天的时间是"放假日"。如果学生能充分地利用这些"放假日"，对于自身的发展将产生巨大的影响。很多学生往往在"放假日"无所事事，蹉跎光阴。很重要的一点是大学生存在着缺乏远大的理想、明确的目标、可执行的计划、达成目标的科学方法。人们所做的任何事情都不应该是盲目的，时间规划最好是参照自己的职业目标，集中力量，有的放矢。比如，参与跨学科学习掌握核心竞争力，参与志愿服务、社会实践和勤工俭学等活动锻炼综合素质等，既学习了知识，丰富了经验，又提升了自己的职业技能。

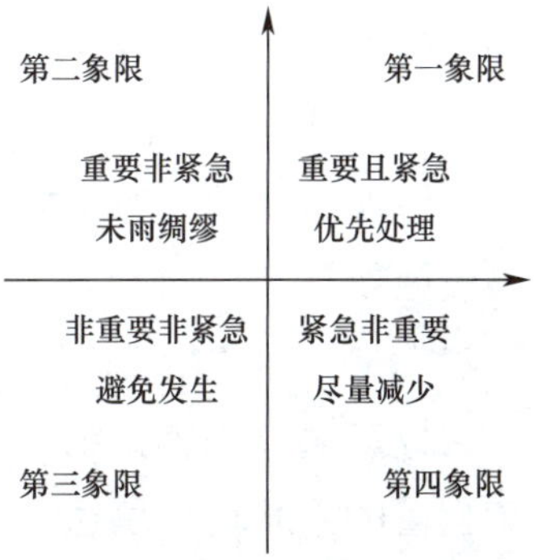

图8-2 重要紧急时间管理法则

比如某校有一批本科学生，利用晚自习、周末时间、五一假期、寒暑假等时间，集中在一起学习生物信息学课程，由导师指导、学长带教一对一指导学生学习数据挖掘、网络药理学和分子对接等生物信息学技术，学习相关论文的写作和发表，部分同学已经在此领域发表10篇以上高水平论文，并获得学校创新创业等科研项目的支持、省级以上多项奖励，这些同学不仅掌握了一门先进的科学研究技术，获得了可持续发展的能力，而且在评优评先、各项奖学金、保研、升学和就业等方面具备了显著的优势。

还有一批2011级本科学生，他们利用寒暑假，组建共同学习小组"不弃疗"团队，每天相互督促学习专业知识，背英语单词，并依据最新的中医考研大纲，参考大量的中医教材，采用思维导图、表格归类等模式，结合27年的考研真题，记录了中医药类院校及其专业的考研知识要点，详细地列出了每个考点内容并标注年份以及题号，明确各考点出题频次，并融入学习团队考研心得，抓住重点、解析难点，自主编撰书籍《中医综合精华笔记》两册，由中国中医药出版社正式出版发行。"不弃疗"学习团队也因此在2017年获得考研上线率100%，考研平均成绩352分，超过国家录取分数线57分的优秀成绩。

这些都是大学生利用"假期"所作出的巨大成绩。

❸ 掌握正确的学习方法

科学有效的学习方法，是提高学习效率、达到学习目的的必要手段。当今社会知识井喷,如何快速有效地学习新知识,是每一个大学生面临的普遍问题,掌握科学的策略,养成良好的学习习惯,方能达到事半功倍的学习效果。

学习方法除了需要把握几个主要环节外,预习、听课、复习、总结、记笔记、做作业等,要合理利用现代学习手段,立体式地学习,把网络、电视、广播等信息媒体有机地应用到自己的学习过程中,并对纷繁复杂的知识和信息进行慎重的鉴别和选择。同时,还可以借鉴以下他人行之有效的学习方法。

(1)教学相长法。教是最好的学,曾经有研究对不同学习方法的吸收效率进行研究,发现被动学习如(听讲、阅读、听与看)的吸收效率较低,不超过20%,最高的吸收效率是教会别人或者立即应用,效率可提升到90%。这种学习方法又称"费曼学习法"。这种方法可简化为3步,如图8-3所示。第1步:获取某知识(某概念),并且去理解这些内容。第2步:按照教程来讲解或复述自己所获得的主要内容。第3步:用自己的方式再次复述所学到的知识。如果觉得自己没讲清楚,或者别人没听懂,则进一步用更简单精炼的语言教学。

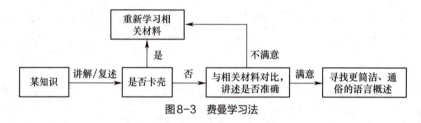

图8-3 费曼学习法

(2)团队学习法。学习需要氛围,需要好的环境。大学学习过程中,结伴学习或者组团学习可以互相监督、互相提醒、互相讨论、相互激励,而且可以更好地"教学相长"。如各高校的"学霸寝室""考研团队"等学习团队。

(3)三步学习法。三步学习法即提出问题、分析问题、解决问题的学习方法,如表8-3所示。首先,提出问题要全面系统,不留思维盲点。比如对于一门新的学科,可以首先明确这门学科的基本概念、基本观点、基本方法,再提出系列问题,如某个概念的具体含义是什么?与其他概念有什么类似之处?有什么区别?有什么联系?有什么用处……这样的问题越多越好。其次,分析问题要有依据。针对一些不明白的问题,重点学习,可以请教老师,也可搜索文献,不断去求证。最后,解决问题要创新。有了前两步的基础,便可以找出相对合理可行且具有创新性的解决问题方案,从而促进知识的实践,这样便可对一个新知识完成从了解到熟悉到运用的过程。

表8-3 三步学习法

提出问题	分析问题	解决问题
(1)系统全面 (2)越多越好 (3)不留盲区	(1)有依有据 (2)不可创新	(1)创新 (2)切实可行

❹ 养成良好习惯

习惯是一种固定程序或定期实施的行为，且在许多情况下，是自动执行的。习惯养成需要遵循科学的方法。一般认为，一个人习惯的养成要遵循提示、渴望、反应、奖励四个阶段，如此反复，最终养成自然而然的习惯，由此构成完整的习惯循环。每个习惯阶段需要不同的培养策略。习惯培养的四大定律：一是让它显而易见，二是让它有吸引力，三是让它简便易行，四是让它令人愉悦（参阅《掌握习惯——如何养成习惯并戒除坏习惯》[美]詹姆斯·克利尔，北京联合出版公司，2019.7），如表8-4所示展现了习惯养成制订评判标准，反之，亦可戒除坏习惯。

表 8-4 习惯养成制订评判标准

习惯养成制订评判标准				
四大定律	特征	具体体现	是否符合（打√）	备注
第一定律	让它显而易见	（1）填写"习惯记分卡"；记下你当前的习惯并留意它们		
		（2）应用执行意图："我将于[时间]在地点[行为]"		
		（3）应用习惯叠加："继[当前习惯]之后，我将会[新习惯]"		
		（4）设计你的环境。让好习惯的提示清晰明了		
第二定律	让它有吸引力	（1）利用喜好绑定。用你喜好的行为强化你需要的动作		
		（2）加入把你喜好的行为视为正常行为的文化群体		
		（3）创设一种激励仪式。在实施低频行动之前先做一件你特别喜好的事		
第三定律	让它简便易行	（1）减小阻力。减少培养好习惯的步骤		
		（2）备好环境。创造一种有利于未来行为的环境		
		（3）把握好决定性时刻。优化可以产生重大影响的选择		
		（4）利用两分钟准则。缩短你的习惯所占用的时间，争取只需要两分钟，甚至更少		
		（5）自动化你的习惯。在能够锁定你未来行为的技术和物品上有所投入		
第四定律	让它令人愉悦	（1）利用增强法。完成一套习惯动作后立即奖励自己		
		（2）让"无所事事"变得愉快。当避免坏习惯时，设计一种让由此带来的好处显而易见的方式		

续表

习惯养成制订评判标准				
四大定律	特征	具体体现	是否符合（打√）	备注
第四定律	让它令人愉悦	（3）利用习惯追踪法。记录习惯倾向，不要中断		
		（4）决不连续错过两次。如果你忘了做，一定要尽快补救		

❺ 大学的学业规划

学业规划是一个系统的概念，需要把学业目标分解到各个学业阶段里。站在未来看现在，以终为始，学业规划要以人生规划为基础，以学业规划来帮助大学生明确学业目标，建立自主学习的观念，改善学习方法，提高学习效率。下面从培养基础素质、培养专业能力、培养专业特长几个方面开始大学学业的自我规划历程。

（1）培养基础素质。基础素质是指对大学生的全面发展起基础作用并决定专业素质发展方向、发展程度的素质与能力。基础素质应该是一个人一生全面发展具备得最少，且不可或缺的素质。如果说基础素质是人的素质DNA基因，那么身心素质、思想素质、学习能力、思维能力就是基础素质里的四个"碱基"，通过不同序列组合，可以演化出人生所具备的其他素质。这些基础素质性质稳定，可以不断升华演变出新的能力。身心素质要重点培养意志力，思想素质要重点培养服务能力和奉献精神，学习能力要着重培养跨学科学习能力和良好的学习习惯，思维能力要着重培养提出问题、分析问题和解决问题的能力。

（2）培养专业能力。专业能力是大学生毕业后就业赖以生存的关键能力，也是大学培养的主要目标之一。专业能力可以通过专业课程的学习来培养，此外，与专业相关的校园文化活动，包括课外科技竞赛、学科竞赛，与专业相关的学习沙龙、学长经验交流会、学生专业论坛等多种活动形式，也是培养专业能力的途径。学生还要通过大学生职业生涯规划与就业指导课程学习，确认本专业的职业发展方向和职业素质能力。专业实习实践一般在寒暑假进行，低年级学生可以通过参观企业、调查研究和兼职打工等社会实践的方式走进工作世界，而高年级学生可以直接在意向公司、企业参加实习，以期对专业领域有进一步的认识。在大学期间，不仅要学好专业，更要学好通识课程，加强自己的人文、社会和自然科学的素质培养。通过通识课程的学习，还可以培养转换专业、发展专业的能力，而这种能力可以使得大学生适应瞬息万变的社会。

（3）培养专业特长。所谓专业特长是指在所学的专业中，掌握的比较熟练的某种技能特长。专业特长是在专业能力的基础上的，与同专业能力相比，具有显著优势的核心能力。大学教学主要还是通才教学，学习方面比较广，但是深度不足。专业特长的培养有利于大学生在今后的工作岗位上脱颖而出。

在上述基础上，做好学业规划。在此之前，需要对自己进行自我定向。自我定向又分为宏观定向和微观定向两个方面。宏观的自我定向，即自我确定今后的人生发展方向，比如大范围是从政、从学、从商，还是从事社会服务等。微观的自我定向，即确定大学四年后自己应该做什么，是保研、考研、出国深造、就业、创业、当兵、加入国家政策性就业队伍，还是参加志愿服务等。

无论你将人生发展定位在哪个领域，落实到毕业后应该干什么这个问题上，都会存在几种选择方式：就业→创业、就业→深造→创业、深造→就业→创业、出国深造→创业、出国深造→就业、就业→深造→再就业。

到底哪一种方式适合自己，要根据自身实际情况，也要考虑个性特征。

大学阶段是生涯发展的探索期，学业规划是这个阶段的生涯发展规划重点。大学生在大学学习期间，依据自己的长期目标，为自己制订贯穿大学四年的行动计划，四年的学业规划大致可以分为以下两个阶段。

（1）低年级的探索期。

①大学一年级主要学习通识课程或者基础课程，大学生首先要了解专业课程的培养目标和课程安排，了解今后所从事工作和所学专业的关系，厘清那些课程的来龙去脉。此外，还要积极融入社团或者学生组织，以期在实践活动中培养基础素质。此外，还可以利用寒暑假进入实验室、企业锻炼更多的技能。

大学一年级的学习任务主要集中在基础课程或通识课程，要了解大学阶段学习的方式和途径，了解专业课程的培养目标和课程设置，初步了解自己未来想从事的职业或与自己所学专业对口的职业，提高资料整合能力和人际沟通能力。大一的学生要多增长专业见识，拓宽知识面，拓展人脉资源，参加学校的社团活动，多与学长交流经验等，通过图书馆、网络学习提高办公技能，辅助课堂学习。大一结束后，要顺利实现从高中生到大学生的转变，同时基本适应大学生活。

②大学二年级要扎实掌握本专业相关的基础知识。确立自己的专业目标，通过参与项目小组、兼职、创业、社会实践等方式加深对职业的了解，检验自身专业技能，提高自身责任感、主动性和受挫能力，增强英语口语能力，增强计算机应用能力，通过英语和计算机的相关证书考试，并开始有选择地参加相关培训，辅修其他专业知识充实自己。

（2）高年级的提升期。

进入高年级之后，要以用人单位的用人标准严格要求自己。这个阶段的任务有以下3个。

①顺利毕业，拿到毕业证书和学位证书是前提，同学们要确保自己的课程学分都是符合学校要求的。

②进一步提升自己的专业能力，可尝试撰写专业论文，与专业导师讨论自己的想

法，培养自己的科学研究能力。对前两年的学习做一个总结，明确自己的职业目标，思考自己的职业素养有哪些需要提升的空间，参加并通过专业实习。

　　③为毕业去向做好知识的准备。无论是选择出国深造、创业、考公务员等中的哪一种方案，都有其相应的流程要求，要准备相关的知识，比如考证、政策了解、参加集中培训等。

8.3　职业生涯规划的评估与修正

　　职业生涯规划最后一个步骤是评估与修正，通过前面的学习，结合探索内容和决策方法，根据设定的目标制订职业生涯规划书。由于职业生涯规划书具有一定的超前性，因此，在实际的实施过程中，难免会遇到一些意想不到的问题，比如目标预期设定太高以致难以完成，或者目标设定太低过于容易实现，也可能是因为其他未考虑到的因素，干扰了目标的实施。此时，学生就很有必要对职业生涯规划进行评估与修正，这有助于更好地实践职业生涯规划。

8.3.1　评估内容

❶ 职业生涯规划目标评估

　　针对职业生涯规划设定的目标进行整体评估，筛选出未能实现或者完成不理想的目标，进一步判断目标预期是否设置过高，或者太容易实现而没有价值。

❷ 职业生涯规划实施方案评估

　　结合职业生涯规划设定的目标，针对每一个目标设定的实施方案，在具体操作过程中存在的问题进行梳理、分类，找出不合理的实施方案，并分析原因。比如，方案设计上时间安排不合理，或者脱离自身实际情况，超出了自己的能力范围等。

8.3.2　评估的方法

❶ 分析总结法

　　对职业生涯规划实施效果进行分析总结，确定设定目标是否已经完成，完成的情况如何，未能完成的目标有哪些，其不能完成的原因有哪些。

❷ 反思法

　　对预期目标和实施方案存在的问题进行深入反思，思考构成问题的原因是什么，找出深层次的原因。

❸ 主动请教法

　　主动将自己的职业生涯规划告诉老师、朋友、长辈以及同学，主动虚心地向他们请教，请他们帮助自己评估目标和实施方案是否合适，哪里存在问题，需要如何修正。

❹ 借鉴法

在职业生涯规划评估过程中可以借鉴身边成功经验和成功案例，多学习、多参考，结合自己的职业生涯规划，评估是否可行，并及时发现需要改进的方面。

8.3.3　大学生职业生涯规划实施方案的修正

个体在每个阶段的目标，都是基于当时特定的社会环境和条件制订而成的，但是个体的社会环境和条件是实时变化的，因此每个人的职业生涯规划方案都需要不断调整和修正，原来制订的职业生涯目标和规划可能会与现实发生偏差，这时需要对目标和规划进行适当的调整，以便更好地符合自身发展的需要。

❶ 修正需要考虑的因素

（1）个人因素。个人因素包括学历、年龄、工作经验、技能掌握情况、家庭环境等各方面，学生在职业生涯发展的过程中，一方面要不断完善和提升自己，另一方面也要不断地认识自己，运用科学方法重新对自己进行评估。

（2）社会环境因素。这里主要是指与职业生涯相关的环境改变因素，比如全球经济危机、全球疫情的爆发，某个行业的兴衰等，这是个人不可扭转的，只能适应大环境的改变。

（3）工作环境因素。不同的工作阶段，不同的工作环境，对个人的生涯发展影响都不一样，对个人发展的需求也是不一样的。因此，当工作环境发生了变化，学生的生涯规划也需要进行相应的调整。

❷ 修正方法

（1）发现最新需求。针对个人因素和环境因素的改变，在做修订之前，首先需要发现当前阶段的最新需求，再根据职业生涯规划方法，依据最新的需求，制订新的规划目标。

（2）排除干扰，抓住重点。不同的职业发展阶段，学生所要面对的目标和任务也不尽相同，这个时候学生容易被既得利益所干扰。当既得利益出现在面前时，学生总是会不自觉地被吸引，而迷失了自己的目标。因此，学生在每个阶段，都要抓住自己的重点目标，排除干扰。

❸ 修正内容

（1）需求修正。在不同的职业发展阶段，因个人所处的环境和自身能力的不同，个人自身需求也将发生变化。比如在大学阶段，学生的需求可能是更好地完成学业、学习必要的技能、考取技能证书等，但进入职场后，个人的需求将变成职位的提升、待遇的提高、领导同事的认可，甚至家庭幸福的需求等。这个时候，需要运用本书前面介绍的探索方法，对自己的需求进行新的修正。

（2）路径修正。职业生涯规划处于不同的阶段，实现目标的路径也必定会不相同。比如在大学阶段，学生的职业规划路径可能是通过规划自己的大学学习生活，规划课堂学习和课后学习，加强社会实践经历，通过考取英语或者计算机证书，担任学生干部，积极参加校内和校外实习等方式和路径实现自身的职业生涯规划，但是如果进入了职场，因为所处的社会环境和工作环境都发生了变化，那么相应的路径也会随之改变，比如这个时候可能是以加强自身职业技能锻炼，考取职业技能证书，不断提升职称等方式和路径来实现职业规划目标。

（3）目标修正。在不同的职业发展阶段，因为环境的改变，自身需求和职业发展路径也随之发生变化，因此，职业生涯规划目标也应该重新进行修正。学生可以运用前面所学习的职业生涯探索方法，对新的需求和路径进行全面的分析和探索，从而为自己的职业生涯规划重新设定目标，并为之而努力。

总之，职业生涯规划是一个不断发展、不断修正的过程，学生只有掌握好职业生涯规划的探索方法，在不同的发展阶段，运用这些探索方法，依据自身所处的不同阶段和新的需求，对职业生涯规划进行不断地修正，才能不断地进步，最终取得成功。

拓展阅读

美国有位小伙子立志做一名优秀的商人。中学毕业后，他考入麻省理工学院，他没有读贸易专业，而是选择了工科中最普通、最基础的专业——机械制造专业。大学毕业后，这位小伙子没有马上投入商海，而是考入芝加哥大学，攻读为期三年的经济学硕士学位。出人意料的是，获得硕士学位后，他还是没有从事商业活动，而是考了公务员。在政府部门工作了五年后，他辞职下海经商。又过了两年，他开办了自己的商贸公司。20年后，他的公司资产从最初的20万美元发展到2亿美元。这位小伙子就是美国知名企业家比尔·拉福。

1994年10月，比尔·拉福率团队来中国进行商业考察，他在北京长城饭店接受《中国青年报》记者采访时谈到他的成功应感激他父亲的指导，因为他们共同制订了一个重要的生涯规划，最终这个生涯设计方案使他功成名就。

我们来看一下这个成功的简图：工科学习→工学学士→经济学学习→经济学硕士→政府部门工作→锻炼处世能力，建立广泛的人际关系→大公司工作→熟悉商务环境→开公司→事业成功。

①第一阶段：工科学习。

选择：中学时代，比尔·拉福就立志经商。他的父亲是洛克菲勒集团的一名高级职员，他发现儿子有商业天赋，机敏果断，敢于创新，但经历的磨难太少，没有经验，更缺乏必要的知识。于是，父子俩进行了一次长谈，并描绘出职业生涯的蓝图。因此，升学时他没有像其他人那样直接去读贸易专业，而是选择了工科中最基础、最普通的机械制造专业。

评析：做商贸必须具备一定的专业知识。在商品贸易中，工业品占绝对多数，不了解产品的性能、生产制造情况，就很难保证在贸易中得到收益。工科学习不仅是知识技能的培养，而且能帮助他建立一套严谨求实的思维体系。清楚的推理分析能力，脚踏实地的工作态度，正是经商所需要的。

收获：比尔·拉福在麻省理工学院的四年，除了本专业，还广泛接触了其他课程，如化工、建筑、电子等，这些知识在他后来的商业活动中发挥了举足轻重的作用。

②第二阶段：经济学学习。

选择：大学毕业后，比尔·拉福没有立即进入商海而是考进芝加哥大学，开始了为期三年的经济学硕士课程。

评析：在市场经济下，一切经济活动都是通过商业活动来实现的，不了解经济规律，不学习经济学知识，就很难在商场立足。

收获：比尔·拉福掌握了经济学的基本知识，搞清了影响商业活动的众多因素，还认真学习了有关法律和微观经济活动的管理知识。几年下来，他对会计、财务管理也较为精通，在知识上已完全具备了经商的素质。

③第三阶段：政府部门工作。

选择：比尔·拉福拿到经济学硕士学位后考取了公务员，在政府部门工作了五年。

评析：经商必须有很强的人际交往能力，要想在商业上获得成功，必须深谙处世规则，善于与人交往，建立诚信合作关系。这种开拓人际关系的能力只有在社会工作中才能得到提高。

收获：在环境的压迫下，比尔·拉福养成了强烈的自我保护意识，由稚嫩的热血青年成长为一名老成且处世不惊的公务员，并结识了各界人士，建立起一套关系网络，为后来的发展提供大量的信息和便利条件。

④第四阶段：通用公司锻炼。

选择：五年的政府工作结束之后，比尔·拉福完全具备了成功商人所需的各种素质，于是辞职下海，去了通用公司。

评析：通过各种学习获得足够的知识，但知识要通过实践的锻炼才能转化为技能。

收获：在国际著名的通用公司进行锻炼，比尔·拉福不仅为实践所学的理论找到了一个强大平台，而且学习到了丰富的管理经验，完成了原始的资本积累。这也是大学生创业应该借鉴的地方，除了激情还应该考虑到更多的现实。

⑤第五阶段：自创公司，大展拳脚。

两年后，他已熟练掌握了商情与商务技巧，便婉言谢绝了通用公司的高薪挽留，开办了拉福商贸公司，开始了梦寐已求的商人生涯，实现了多年前的计划。

评析：时机成熟后，应果断决策，切忌浪费时间，抓住契机实现计划。

收获：比尔·拉福的准备工作，几乎考虑到了每个细节。拉福公司的成长速度出奇的快，20年后，拉福公司的资产从最初的20万美元发展到2亿美元，而比尔·拉福本人也成为一个奇迹。

结论：比尔·拉福的生涯设计脉络清晰、步骤合理，充分考虑了个人兴趣、个人素质，并着重职业技能的培养，这种生涯设计在他坚持不懈的努力下，终于变为现实。也许他的这套生涯方案并不完全适合每一个人，但是却带给我们一个重要的信息——人生是可以设计的！只要有信心、恒心，加上科学的规划和设计，案例的主角也许就是明天的你。

思 考 与 练 习

1.一份规范的职业生涯规划书都包括哪些要素？

2.请大家撰写一份职业生涯规划书。

CHAPTER 09

第9章 学校对大学生个人发展的支持

案例导入

陈虹（化名），学习成绩优秀，大二下学期获得5项国家级荣誉、9项省级荣誉和10余项校级荣誉。她在和同学们分享时说："我详细研究了学校的支持政策，提前做好了个人发展计划：一是加强专业知识学习，提升学习能力；二是跟随老师积极参加学术活动等，培养学术兴趣和科研兴趣，提升自身的创新意识和创新能力，为考研做准备……在大学期间，自己感觉学业发展比较顺利。"目前，陈虹同学大三就读，她已获得了本校研究生的免试资格。

启示：机会总是留给有准备的人。发挥学校现有的优势资源以助力自身实现职业规划目标，将事半功倍。我们应充分了解学校资源，并将其与个人发展相结合。

9.1 学校对综合素养的支持

9.1.1 综合素养的概念

大学生的综合素养，从教育学的角度来界定，可以概括为身心和心理两大方面的基本要素及其品质的综合，其具体内涵包括思想道德素质、文化素质、人文素质、身心素质、专业素质和创新素质。

9.1.2 如何提升综合素养

中国高等教育学会大学素质教育研究分会始终把培养德智体美全面发展的社会主义事业建设者和接班人作为高校素质教育的重要使命，必须做到"五个坚持"。"五个坚持"包括：坚持立德树人、以文化人，把提高大学生的思想道德素质、文化素质、业务素质和身心素质融为一体，增强高校的道路自信、理论自信、制度自信、文化自信；坚持文化素质教育与思想政治教育相结合，人文教育和科学教育相结合，把大学生的价值塑造、人格熏陶、能力训练和知识学习融为一体；坚持全程育人，全方位育人。建设素质教育五大课堂并注重结合，即第一课堂的素质教育通识课程，第二课堂的课外活动和社会实践，第三课堂的住宿学院或书院育人，第四课堂的专业教育渗透，第五课堂的校园文化建设等；坚持提升教师的师德修养、文化素养和大学生的综合素质相结合，引导广大教师以德立身、以德立学、以德施教，通过教师发展引领学生健康成长；坚持大学素质教育与中小学素质教育相衔接，学校教育与社会教育、家庭教育相结合，共担素质教育的时代责任和历史使命，用中国梦激扬青春梦，为学生点亮理想的灯，照亮前行的路。

9.1.3　一般高校对学生综合素养的提升

国内许多高校根据实际情况，也有所侧重地提出了培养大学生综合素养与能力的思路和方向。比如黑龙江工程学院，构建了工程院校大学生综合素养训练体系，包括系统专业知识和综合能力两部分。其中综合能力包括创造性的思维和创新的能力、较强的分析问题和解决问题的能力、较强的表达能力和谈判能力、团队精神等。再如常州工学院计算机信息工程学院经过调研分析，总结出应用型本科人才应具备九大素质能力：是非判断能力、身体健康能力、心理调适能力、交流沟通能力、生活发展能力、科学思维能力、分析应用能力、组织管理能力、创新创造能力。

《美国高等教育》作者罗伯特·M·赫钦斯在书中指出："要重视通识教育，加强学科之间的联系，使学生接受综合全面的教育。"旨在实现大学生的全面发展，不仅要重视理论教学，也要重视实操的教育。要加强必修课和选修课的深度和广度，注重大学生综合能力的培养。

9.1.4　江西中医药大学对综合素养的支持

江西中医药大学在制订培养方案时，除了对理论知识方面有所要求，对素质和能力也明确了相对应的要求，如图9-1所示。目前，学校对综合素养的培养主要包括课程思政、通识教育、第二课堂等方面。

在课程思政示范课建设方面，学校构建思想政治理论课、通识课程、专业课程三位一体的课程思政教育教学体系，着力将教书育人内涵落实于课堂教学的主渠道之中。未来将实现所有课程建立德育目标并融入德育元素，把思想价值引领贯穿教育教学全过程和各环节，提升所有课程的育人功能。

通识教育选修课程与大学生综合素养相互联系，通识教育选修课程是提升大学生综合素养的

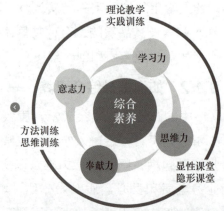

图9-1　大学生综合素养的培养内容和形式

途径之一。通识课程的开设，是必修课的有力补充，培养了学生的综合素质，提升了学生的情商，更好地适应社会对多元化综合人才的需求。同时，通识教育选修课程是高校面向本校全体学生综合素养的需求，也是持续推动高校通识教育选修课程不断发展的动力基础。通识教育选修课程的自主选课，不仅有助于学生构建合理的知识体系，而且有助于学生综合素养的提高，同时，高校通识教育选修课程的现代化教学手段和方法也有助于推动学生创新思维、创新能力的培养和提升。江西中医药大学通识教育选修主要包含人文艺术类、科学素质类、专业相关类、鉴赏类、外语类和创新创业类六大模块。从课程内容来看，丰富的通识教育选修课程涵盖了学生各种素质的培养。在开设线下课程的同时，引进了超星尔雅、智慧树等平台大量的网络课程，每学期开设课程门数超过500门。

第二课堂是素质教育的重要组成部分，同时又是专业教育的辅助、延伸和拓展。通过第二课堂，培养学生的综合素质、运用知识的能力、创新思维能力、团队精神、时间管理能力等，进一步培育大学生人文素养、创新精神和实践能力，促进大学生全面发展。第二课堂活动包括学术研究类、社会实践类和体育艺术3大类，设置6个毕业限定学分，每类各设置2个毕业限定学分。

9.2 学校对大学生创业能力培养的支持

建设创新型国家急需大批创新创业型人才。为鼓励大学生创新创业，国家和各地政府先后出台了相关政策，如税收减免、创业担保贷款和贴息等。同时，创新创业教育也是高等教育的重要组成部分，高校除了注重理论教育的培养，也出台了多项措施支持大学生创新创业，如建立创新创业孵化园无偿为大学生提供服务，设立各种创业基金支持大学生创新创业实践活动等。以江西中医药大学为例，该校注重理论与实践相结合，多举措进行大学生创新创业能力的培养。

9.2.1 创业能力提升选修课

创新创业教育课程是高校推进创新创业教育的重要载体，也是培养"双创"人才的基本途径。2010年，教育部颁发了《教育部关于大力推进高等学校创新创业教育和大学生自主创业工作的意见》，明确要求加强创新创业课程体系建设，要把创新创业教育有效纳入专业教育和文化素质教育教学计划和学分体系，建立多层次、立体化的创新创业教育课程体系。目前，大多数高校面向全校学生开设了创新创业选修课或必修课，创新创业课程实现全覆盖。

近年来，江西中医药大学注重创新创业的基础教育，着力培养大学生创新创业的思维与能力，开展了"创新基础与创新方法"等基础通识课，并结合学校中医药特色，拓展了"医学生创新思维与方法""中药精油与创新创业"等课程。

在此简单介绍几门创业能力提升选修课的课程，大家可以根据自己的兴趣进行相关的学习与培训。

❶ 创新创业实战

本课程通过完全模拟创业公司，多人实际上手并实战一个互联网创业项目，带领学生感受创业公司的氛围，学习"从0到1"的创业过程，并完善自己的职业生涯规划。

案例学习部分：邀请"千里马"公司的创始人兼CEO进行互动访谈。创业家们通过分享他们的创业故事，讲述一个创业公司如何"从0到1"成为"千里马"的一系列经历，为创业者们和致力于创新创业的大学生们，提供了更多值得借鉴和学习的宝贵经验。

项目实战部分：陆向谦教授带领学生线上全年不间断地模拟创业公司的日常，实战上手互联网公益项目。学生在"创业公司"任意选择自己喜欢的职位：产品设计、技术开发、运营、市场营销等，来摸索适合自己的工作，不断完善自己的职业生涯规划，最终实现自己的创业梦想。

❷ 创新思维能力训练

本课程系统介绍了软性思考、平行思考、强制联想、批判性思考、包容性思维等创新思考方式和途径，对如何培养创新人格，创造创新情境提出了具体方法。采用师生对话模式，在游戏互动与案例展示中形象呈现了各类创新思维训练方式，旨在培养学生的创新思维意识，提高创新思维能力。

❸ 公益与创新创业教育实践

本课程旨在探索中医药院校开展公益创业教育的途径与实践。该课程面向各学科专业学生，教学内容分三个模块：公益通识、公益实践和公益创业。三个模块依次递进，引导学生在掌握现代公益理念、中国公益慈善范畴的基础上，积极参与公益实践，并进一步学习和实践公益创业这种全新的创业理念和创业模式。公益创业是基于社会使命和责任感，为谋取公众社会利益的创业行为。公益与创业的融合，是个人价值实现与社会价值实现的结合，是物质财富积累与精神财富创造的结合，是创业精神增强与创业技能提高的结合，是公益志愿活动开展与公司企业创办的结合。

本课程教学团队以一种创新性的视角，注重教学形式和方法上的创新，将教学内容的理论性、专业性、实践性和通俗性有机结合，切实调动和激发学生学习的热情和积极性。本课程尤其注重能力拓展的实践教学，以此着力提高学生社会责任感、团结互助、社会参与、冲突解决、人际沟通、角色扮演、目标确立、项目管理等方面的能力，增强学生创新意识，提高学生创业技能、就业能力，夯实学生生存价值和提升发展价值。

❹ 创新、发明与专利实务

本课程纵向讲解了专利制度的历史性，总结其特征，并结合实例介绍分析在发明创造完成后，发明者是否申请专利，申请何种类型的专利，何时申请专利。向哪些目标市场申请专利，是否提前公布技术方案等事项。通过本课程的学习，可以对创新发明与专利之间的关系有更深的认识。

❺ 创业创新执行力

本课程的选课学生在任课教师及导师团带领下亲身参与一个公益项目，试着选择不同的职位：市场、产品、工程、运营、拓展、网上营销等。通过团队协作、企业参观等学习形式，摸索适合自己的工作，实现职业发展的梦想。

❻ 人力资源管理：基于创新创业视角

随着"互联网+""大众创业，万众创新"等国家政策的不断深入，新时代人力资源管理将如何顺应这一话题备受关注。华侨大学工商管理学院博士生导师张向前教授，以轻松幽默的方式讲述了中国古代经典著作、传统文化思想、经典创业案例，知古鉴今，中西融合，道术兼备，全面剖析了人的本质，以及人力资源管理的深刻内涵。该课程旨在引领学生在学习管理、领悟管理、享受管理的过程中，培养悲天悯人的情怀，拓展为人类谋福祉的能力，打造国际化、创新型、重实践、有担当的高素质人力资源管理者。

❼ 大学生就业指导

这是本科专业必修的一门通识教育课。其内容主要包括通过介绍社会职业及社会需求的有关知识，解读就业政策，分析就业形势，传授求职择业基本方法与技巧，帮助大学生形成正确自我定位，并能根据自身特点和社会发展的需要，树立职业目标，调整择业心理，做好择业准备，以正确的价值观、择业观和行为规范，以及良好的心态参与求职择业活动，增强大学生适应新的就业形势的能力，使大学生能顺利就业，愉悦地走向职业工作岗位。

❽ 网络创业理论与实践

本课程从网上创业基础切入，从开店准备、货源管理、商品及店铺管理、网店推广、网站优化和无线运营等方面，给予理论普及与实操指导，以详实的案例解析、丰富的实践经验来引导大学生开启真实的电商创业之旅，有效避免网络创业的陷阱，被网络创业者称为最接地气的创业实战课程。

❾ 创业法学

本课程将创业教育与法学教育有机融合，以创业为线索，根据创业运行过程做内容设计，着眼于创业者法治观念的提升以及框架性、方向性和方法性法律知识的掌握。强调法律知识之于创业活动的针对性和应用性，为大学生创业过程中出现的问题与风险，提供有针对性的法律引导与支持。

⑩ 创业精神与实践

通过本课程的理论学习，结合社会实践，以走访著名企业家、将企业家请进课堂等方式，让学生拥有更开阔的视野。紧紧围绕传递创业能量，打造创业精神这一主题。

拓展阅读

江西中医药大学微课、慕课平台使用方法。

（1）在百度中搜索"江西中医药大学教务处"。

（2）在打开的"江西中医药大学教务处"界面中，单击"系统平台"→"微课慕课平台"，如图9-2、图9-3所示，进入"江西中医药大学网络教学平台"界面。

（3）在"本校课程"搜索栏（如图9-3所示）中搜索自己感兴趣的网课进行查看，例如输入"大学生创业基础"，单击 🔍 按钮，进入图9-4所示的课程界面。

图9-2　单击"微课慕课平台"

图9-3　搜索课程

图9-4　课程界面

9.2.2　大学生创新创业训练计划

❶ 何谓大学生创新创业训练计划

大学生创新创业训练计划是创新人才培养改革的平台。根据《教育部 财政部关于"十二五"期间实施"高等学校本科教学质量与教学改革工程"的意见》和《教育部关于批准实施"十二五"期间"高等学校本科教学质量与教学改革工程"2012年建设项目的通知》要求，教育部自2012年起实施国家级大学生创新创业训练计划，旨在促进高等学校转变教育思想观念，强化创新创业能力训练，增强高校学生的创新能力和在创新基础上的创业能力，培养适应创新型国家建设需要的高水平创新人才。

教育部开展大创项目已经有8年的历史了，经过这8年的不断探索，已经建立了较为完整的"校、省、国"三级管理体系。教育部每年4月组织全国高校积极申报国家级大学生创新创业训练计划，中央部委所属高校直接参加，地方所属高校由地方教育行政部门推荐参加。

某中医药大学对"大学生创新创业训练计划"的支持如下。

为鼓励大学生积极参与大学生创新创业训练计划，学校制订《第二课堂成绩单学分实施细则》，鼓励学生积极参与大学生创新创业训练计划，并搭建创新创业教育智慧服务平台来实现大学生创新创业训练计划过程管理。

对推荐申报"国家级大学生创新创业训练计划"项目，学校按照创新训练项目和创业训练项目平均不低于2万元/项、创业实践项目平均不低于10万元/项的标准予以资助，经费自筹。据统计，2020年"学校大学生创新创业训练计划"立项累计达到300余项，"省级大学生创新创业训练计划"获立项100余项，"国家级大学生创新创业训练计划"获立项40项。

❷ 大学生创新创业训练计划分类

（1）创新训练项目。学生个人或团队，在导师指导下，自主完成创新性研究项目设计、研究条件准备和项目实施、研究报告撰写、成果（学术）交流等工作。

（2）创业训练项目。在导师指导下，学生团队中每个学生在项目实施过程中扮演一个或多个具体角色，完成商业计划书编制、可行性研究、企业模拟运行、参加企业实践、撰写创业报告等工作。

（3）创业实践项目。在学校导师和企业导师共同指导下，学生团队采用创新训练项目或创新性实验等成果，提出具有市场前景的创新性产品或服务，以此为基础开展创业实践活动。

❸ 大学生创新创业训练计划实施过程

大学生创新创业训练计划实施过程包括4个环节：项目申请、审批立项、项目中期验收和项目结题验收。

（1）项目申请。项目申请是学生结合兴趣自主选题或在指导教师推荐下拟定研究方向申报项目。选题是项目战略起点，对开展项目研究至关重要。学生在选题时，应侧重学术价值、理论意义和现实意义，既要难度适中、易于开展，又要兼顾自身兴趣与能力。

学生可以跨学科、跨院系、跨专业组建团队。项目申请团队可以选择具有较高学术造诣、较好创新性成果、热心教书育人、关爱学生成长的教师作为导师，也可以邀请企业人员参与指导或共同担任导师。项目申请团队填写大学生创新创业训练计划申报书。

项目申报书一般分为4个部分：基本情况、立项依据、经费预算和评审意见。其中，项目基本情况可从研究背景、目的、内容、意义等方面入手；立项依据包括申请理由、项目方案、特色与创新点、项目进度安排等内容（申请理由可从项目意义、优势、团队特长优势、前期准备和研究条件等入手；项目方案包括项目研究的主要问题、拟解决的途径、人员分工、预期成果等，创业训练项目和创业实践项目还需包括商业策划、运行、实践等内容；特色与创新点主要描述项目特色与创新点，力争做到让项目更吸引人眼球；项目进度安排主要对项目做一个期限中的全程规划，有助于项目能如期完成）；经费预算则主要结合项目实际情况作出经费合理预期；评审意见是专家对项目的研究背景、研究方法、研究对象、市场细分、财务预算、团队建设等方面给出的有针对性和建设性的意见和建议，包括作出是否同意推荐立项、结题等结论，一般有专家个人意见和综合个人意见后的专家组意见两种。

（2）审批立项。审批立项是高校组织专家对大学生创新创业训练计划申报材料进行审核，给出评审意见。

拓展阅读

创新训练项目评审依据如下。

①申报人具备项目相关专业基础，有一定的综合研究能力，能够在规定时间内完成项目研究。

②项目有研究的可行性，选题在申报人力所能及的范围内，研究目的明确、原理可靠、方法科学，且具有一定的实际意义。

③项目在研究对象、应用理论、实现路径等方面具有一定的创新性。

④指导教师对课题领域具有一定的工作基础，研究步骤符合实际，阶段性任务及成果明确。

⑤项目的难易程度适合申报人能力，所需研究及实验条件基本满足，能够按计划完成并取得预期成果。

⑥项目经费预算合理，设备、材料等管理责任明确。

创业训练项目和创业实践项目评审依据。

①项目组成员具备基本专业知识和良好的心理素质，沟通实践能力较强，团队分工合理，能够在规定时间内完成项目。

②项目选题建立在充分的市场分析基础上，具有一定技术或专业依托，鼓励以指导教师的科研成果，特别是已结项的优秀创新训练项目为研究背景开展阶梯式实践。

③公司化运作方式清晰，利益关系明晰，建立了基本的组织架构与制度框架，明确了团队成员的角色分工。

④商业计划书书写规范，有基本的商业模式设计，有较详细的公司运营计划，有明确经营目标，基本运作条件和资金的需求应在可实现的范围内。

⑤遵守国家的法律法规，诚信经营。有风险意识，明晰项目风险，建立规避机制。如项目失败，应能进行合理清算，尽量减少损失。

⑥项目组聘请企业指导教师，须签署指导协议。

项目一旦立项，高校将统筹资金设立"创新创业训练计划"专项经费，用于支持"创新创业训练计划"实施，并按照教育部和省教育厅相关文件规定给予经费资助与配套帮助。对推荐申报的"国家级大学生创新创业训练计划"项目，按照创新训练项目和创业训练项目平均不低于2万元/项、创业实践项目平均不低于10万元/项的标准予以资助。

（3）项目中期验收。项目中期是指高校对于立项半年内的项目开展阶段性检查。高校主要围绕项目研究进展情况、中期目标完成情况、取得的阶段成果、项目目前存在的问题及应对措施、下一阶段的研究计划等方面开展中期验收。

项目团队应认真填写"中期检查报告书"。中期检查报告书一般分为三部分：研究进展情况、研究成果概述和下一阶段工作计划。研究进展情况主要描述以月为单位，项目完成情况。研究成果概述主要描述项目立项半年内所取得的成果。

高校组织专家对项目实施情况进行评价，并对项目进一步研究提出指导性建议。高校根据项目中期检查结果和项目进展情况，决定是否进一步资助。限期整改项目整改合格后，才能继续实施，如仍不合格，做终止处理。对出现抄袭剽窃、弄虚作假、违规使用经费等情况，将立即终止项目实施，收回剩余经费，并追究相关人员的责任。

（4）项目结题验收。项目结题验收是高校针对立项一年以内的项目开展的终结性检查。高校应制订明确的结题验收标准和评审指标体系，对已立项项目进展情况做好检查和验收工作，省级以上（含省级）项目验收以答辩形式进行，重点审阅学生对基础理论、基本技能及综合训练的掌握情况，重点考察学生在完成项目过程中的创新思维、创新能力的培养情况，并对项目完成情况给予总体评价、认定研究成果、评选优秀项目等。

创新训练项目终结性检查内容一般包括：研究过程、经费使用情况、团队成员分工和合作情况、研究报告情况、研究过程记录的完整情况、研究工作中取得的主要成果、发表论文和获得专利情况、研究工作的不足之处、还需深入研究的问题、研究工作中的困难和建议等。

创业训练项目和创业实践项目终结性检查内容一般包括：商业计划书、可行性研究报告、虚拟企业运行报告、企业实践报告、创业报告等；经费使用情况、团队成员分工和协作情况、创业训练过程日记的完整情况、创业训练工作中的经验和教训、创业训练工作中的困难和建议、创业训练成果等。

案例

《漫画中医小故事（汉英版）》项目的中期报告

一、项目进展情况

2020年2月—4月：查阅相关资料，对中医典故、中医故事进行筛选，确定改编故事对象。

此阶段进展基本顺利，成功搜集120余篇医家相关故事。

2020年4月—7月：对所搜集的故事进行整理（按时间顺序整理、按医家进行归类），对整理好的故事开始改编，同时开始对人物形象进行设计。

　　此阶段在对故事进行归类时遇到一些问题，但总体进展顺利。对120余篇故事进行了分类（按历史年代和人物分类，共计36名医家、42位名人）；完成40篇改编故事；设计出5个人物形象。

　　2020年7月—10月：继续改编医家故事，开始对改编完成的故事进行英译和漫画的制作。

　　此阶段进展基本顺利，故事改编可按计划完成，英译进度和漫画制作进度较慢，后续会加快进程。本阶段完成60篇改编故事、30篇英译本、5个人物形象的设计、8幅漫画的制作。

　　二、研究成果概述

　　本项目目前完成了100篇故事的改编任务，英译30篇，完成了10个漫画主要人物的设计和8幅漫画的制作。另外，在前期查阅文献和资料阶段，撰写论文《中医药文化传播视角下中医故事双语漫画制作的探索研究》一篇，已被《中国中医药现代远程教育》录用待发表。

　　三、下一阶段工作计划

　　后期继续开展故事改编，预计11月完成故事改编；12月建立公众号；加快英译、漫画制作相关工作进程。

9.2.3　创业园实践平台

　　高校大学生创业园作为创业教育的实践平台和重要载体，在大学生创业教育中发挥着重要作用。近年来，在国家出台的大学生就业创业政策中，高校创业园建设都是重要内容之一。

拓展阅读

　　江西中医药大学大学生创新创业园自2018年开园以来，已有一批又一批的大学生创新创业项目入驻园区，涵盖中医药、互联网、科技、农业等多个领域，众多团队以创新创业园为基点，逐步发展，开拓了属于自己的创业之路。那么作为有志之者如何入驻创业园？

　　1.创建团队

　　负责人在申请入驻之前应创建一个团队，入驻团队分为创新科研团队、创业模拟团队和创业实践团队三类。创新科研团队是在校大学生组建的，在导师指导下，自主完成创新性研究项目设计、研究条件准备和项目实施、研究报告撰写、成果（学术）发布等工作的团队。创业模拟团队是在校大学生组建的，暂时还未在工商行政管理部门进行登记的模拟性质的创业团队。创业实践团队是由在校大学生组建的，在工商行政管理部门注册登记的法人实体企业。申报入驻项目应具有一定的知识技术含量、一定的创新性和良好的市场潜力。禁止含以下内容的项目入园：易燃、易爆、易产生有毒有害气体，易产生油烟、噪声、污染的物品，会引起安全危机的食品等。

2.提交材料

申请入驻团队向园区管理办公室提交《**学校大学生创新创业园入驻申请表》，并附项目计划书，相关管理制度，团队负责人及成员身份证、学生证复印件，家长意见书等材料。创业实践团队还须提交由工商、税务、卫生等部门颁发的相关许可证书复印件，公司章程等材料进行审核。

3.签订协议

通过评审的团队与校方签订入驻协议，并交纳一定保证金。

4.开展创新创业活动

团队完成相关准备工作，便可入驻园区开展创新创业活动。

团队入驻创业园后，应遵循创业园的相关规定开展创新创业活动。此外，创业园会有相应的考核管理制度。

请大家结合自己的职业生涯规划内容，谈谈大学期间你将如何结合学校的教学和实践资源，助力自己实现个人发展。

参考文献

[1]金树人.生涯与职业辅导[M].北京：高等教育出版社，2007.

[2]刘建中.大学生职业生涯规划（微课版）[M].成都：电子科技大学出版社，2020.

[3]赵明家，丛培兵，王琳.梦想启航：大学生职业生涯规划[M].北京：首都师范大学出版社，2020.

[4]田一.我的青春我做主[M].北京：现代教育出版社，2017.

[5]涂雯雯，魏超.大学生职业生涯规划（慕课双色版）[M].北京：邮电大学出版社，2019.

[6]钟谷兰，杨开.大学生职业生涯发展与规划[M].上海：华东师范大学出版社，2016.

[7]钟志贤.多元智能理论与教育技术[J].电化教育研究,2004(03):7-11.

[8]（美）霍华德·加德纳（Howard Gardner）. 多元智能. [M].北京：新华出版社，1999.10：14.

[9]袁国，谢永川.高职大学生职业生涯规划实用教程[M].北京：北京理工大学出版社，2015.

[10]周熔，刘雪梅.大学生职业发展与就业指导[M].贵阳：贵州人民出版社，2008.

[11]张安柱，赵志民，于建波.走向社会：职业与人生[M].武汉：武汉大学出版社，2011.

[12]林辉.职业生涯规划与发展[M].北京：对外经济贸易大学出版社，2014.

[13]Parsons, F. Choosing a vocation[M].New York:Agathon Press.1909.

[14]顾明远.教育大辞典[M].上海：上海教育出版社，1998.

[15]陈世波.大学生职业发展与就业指导阶梯教程 [M].昆明：云南大学出版社，2010.

[16]沈雪萍.大学生职业决策困难的测量及干预研究[D].南京：南京师范大学，2005.

[17]李金亮，杨芳，周欣.大学生职业生涯规划[M].长沙：湖南教育出版社，2019.

[18]王林，王天英，杨新惠.大学生职业生涯与就业指导[M].北京：中国铁道出版社，2018.

[19]畅肇沁.大学生学习特点探究[J]. 山西师大学报（社会科学版），2010,37(05):131-133.

[20]刘岩芳，宋倩倩，袁永久，等．"互联网＋"背景下大学生学习特点与学习期望研究[J].教书育人（高教论坛），2020(15)：80-82.

[21]刘红宁.高校素质教育核心内容探析[J].思想教育研究，2012(2).

[22]刘红宁，朱卫丰，孙敦振，等.论大学生的基础素质教育[J].江西中医学院学报，2013(6).

[23]刘红宁，廖东华，康胜利.高校多元化梯度激励新机制探索[J].思想教育研究，2010(11).

[24]刘红宁，章德林，康胜利.愿景教育：激励大学生成才的新路径[J].学校党建与思想教育，2009(12).